이순희 창작곡 180

남자키 / 여자키로 구성

영혼을 살리는 찬양 5

CCM2U

발 간 사

할렐루야! 찬양에 대한 끊임없는 열정과 영감을 부어주시는 하나님을 찬양합니다. 하나님께 부름 받은 후, 저는 28년째 오직 푯대만 바라보고 달려왔습니다. 주님이 가라는 곳이면 어디든지 가서 복음을 전하고 기적의 하나님을 노래했습니다. 미국, 캐나다, 아프리카, 스페인, 일본 및 우리나라 전역을 다니며 영혼구원, 제자양성, 세계선교를 위해 저의 모든 것을 바쳤습니다. 좋으신 하나님은 매일 저에게 세상이 알 수 없는 기쁨과 평안을 주셨고, 시간이 갈수록 하나님을 위해 더 쓰임받고 싶다는 강렬한 열망을 주셨습니다.

코로나 팬데믹으로 모두가 힘들던 때에 하나님은 저에게 강력한 찬양의 능력을 부어주셨습니다. 2020년 12월 17일, 성령님이 주시는 가사와 멜로디로 첫 곡을 순식간에 만들게 하셨고, 오늘에 이르기까지 1,000곡이 넘는 찬양을 만들게 하셨습니다. 찬양을 만들고 부를 때마다 저는 감출 수 없는 기쁨을 느낍니다. 자작곡 악보집 『영혼을 살리는 찬양』 1,2,3,4권에 이어 5권을 발간하게 된 지금, 저는 너무도 큰 감격 속에 무한한 감사와 찬양을 하나님께 올릴 뿐입니다. 곧이어 3월 말에 180곡 찬양집 6권이 출간될 예정이고, 이어서 천 곡 발표회를 할 예정입니다. 찬양받기에 합당하신 하나님을 높일 때 저는 벅찬 기쁨을 누립니다. 또한 이 찬양들을 통해 영혼들이 살아나고 기뻐하는 것을 볼 때 말로 다 형용할 수 없는 행복을 경험합니다. 그래서 매일 바쁘게 사역을 이어가는 중에도 작사작곡을 멈출 수가 없습니다. 여기까지 인도하신 하나님의 놀라운 은혜를 찬양합니다.

이 악보집이 나오기까지 신실하게 응원하며 함께 해준 사랑하는 남편 김광옥 장로와 두 아들 성훈, 성민에게 감사의 마음을 전합니다. 물심양면으로 동역하며 기도해주신 영혼의 샘 세계선교센터와 백송교회 성도님들에게 감사를 전하고, 원미현 목사, 허신영 전도사를 비롯한 음악부원들에게 감사의 마음을 전합니다.

2024년 2월 하나님께 모든 영광을 올리며

이 순 희

이순희 4집 음반 전체듣기

이순희 5집 음반 전체듣기

이순희 6집 음반 전체듣기

복음과 내적치유

복음과 인생설계

복음과 가족치유

보라! 하나님의 일하심을

보라! 행복한 주의 종들을

Contents

남자키 | 가나다순

가

가나안 땅 귀한 성 G 92
가릴 수 없는 Cm 58
가장 부요한 인생 G 93
감사함으로 그 문에 D 28
거친 풍랑과 같이 Bm 39
거칠고 험한 인생길 F 73
겉사람은 낡아지나 F#m 135
기쁨이 압도하는 삶 C 1
깊은 열등감의 F#m 136
깊은 우울과 절망 F#m 137
깜깜한 사망의 골짜기를 Gm 169
깨닫는 만큼 영적 도약 이루고 C 2
꺼지지 않는 불 G 94

나

나 주를 만난 후에 Bb 152
나를 능하게 하신 주 F 74
나를 향한 하나님의 계획 G 95
나에게 다가온 고난 Gm 170
나의 깊은 상처를 Gm 171
나의 욕심 Cm 59
나의 자아 깨뜨려 Bb 153
낙엽은 바람을 G 96
내 생각으로 육신의 생각으로 Bm 40
내 안에서 역사하는 Cm 60
내 영혼에 닥쳐온 F#m 138
내 영혼의 곤고함 F 75
내 영혼의 밀실까지 Bm 41
내 인생에 놓여진 C 3
내 인생의 가장 귀한 분 Bm 42
내 주의 성령님 A 118
내 힘과 생각으로 F#m 139
내가 여호와를 항상 G 97
내가 입을 열지 않을 때 Cm 61
너는 모든 일에 신중하여 A 120
너무나 오랜 세월들 F#m 140
너희 죄가 주홍 같이 D 29
너희는 모든 악독과 C 4
너희는 여호와의 A 121
네 입을 크게 열라 C 5
눈물 없는 곳 G 98
능력의 십자가 Eb 50

다

두려워하지 말고 Eb 51
두려워하지 말라 G 99
똑똑똑 똑똑똑 예수님 A 122

마

말씀은 미숙한 우리를 Cm 62
말씀의 빛이 Cm 63
망상에 빠져 G 100
메마른 내 가슴에 C 6
명절 끝날 큰 날에 Bb 154
모든 상황 속에서 역전승을 A 123
모세의 지팡이 C 7
무엇을 먹을까 D 30
무엇이든지 내게 Bm 43
문을 열어라 Bb 155
믿음의 눈으로 F 76
믿음의 사람은 F#m 141

바

보배되신 나의 주님을 G 101
복음을 전파하라 Bb 156
불 같은 성령으로 C 8

사

사람들은 이 세상 복 C 9
사람들은 저마다 F#m 142
사람들의 인정과 칭찬을 C 10
사랑의 주님이 G 102
살아가는 이유 모르고 Dm 86
살아계신 하나님의 사랑은 Bm 44
살아있는 하나님 말씀 A 124
상처 받을 수밖에 없는 Bm 45
상처로 인한 망상 Cm 64
새로운 미래의 창 Bb 157
선한 목자 나의 주 F#m 143
성령으로 아니하고는 Cm 65
성령은 죄로 인해 더러워진 Bb 158
성령은 지혜와 총명의 영 C 11
성령의 뜨거운 불 F 77
성령의 바람 날개 달고 C 12
성령의 바람이여 Bb 159
성령의 불은 F 78
성령의 생수는 Bb 160
성령이 임하시면 놀라운 역사 G 103
성인아이 쉽게 상처받고 F#m 144
세상 속에 묻혀 Eb 52
세상과 벗이 되어 Cm 66
세상길을 걸어가는 Gm 172
속사람이 병든 사람은 Bm 46
수많은 사람들 중에 C 13
수많은 사람들이 보화 Cm 67
수원을 새롭게 시민을 빛나게 Bb 161
승리의 길 형통의 길 F#m 145
십자가 지셨네 F 79
십자가는 우리의 Gm 173
십자가에서 F 80
십자가에서 흘리신 A 125
십자가의 능력이 임하는 Gm 174

아

아름답고 신실하신 Dm 87
알 수 없는 불안감 Gm 175
어느 날 나에게 닥친 고난과 아픔 Bm 47
업 앤 다운 A 126
없앨 싸움 피할 싸움 D 32
여호와는 나의 목자 Bb 162
여호와의 손이 짧아 G 104
영적 무감각에 빠져 F#m 146

Contents

영적능력은 분별하는 D 31
영적전쟁 진리와 거짓의 Gm 176
영적전쟁 패배할 때 G 105
영적전쟁에서 F#m 147
영혼이 병든 사람은 F#m 148
예수 나의 좋은 친구 G 106
예수 안에 있는 자 G 107
예수님의 사랑의 시선이 F 81
예수님이 흘리신 F 82
예수의 흘린 피 G 108
오직 성령이 너희에게 임하시면 C 14
우리 모두 고난의 F 83
우리 모두 마음의 눈 열고 Eb 53
우리 모두 병든 속사람을 Gm 177
우리 인생의 최대의 복 Eb 54
우리 주의 성령 A 119
우리가 고난 당할 때 Cm 68
우리는 어부 사람 낚는 어부 C 15
우리는 영적싸움에서 G 109
우리의 겉사람은 C 16
우리의 낮아짐은 F 84
우리의 싸움은 혈과 육을 Bb 163
우리의 인생을 Eb 55
우울감을 안고 사는 F#m 149
위대한 발견 Bb 164
위대한 힘 A 127
위장에 능한 거짓의 아비 Cm 69
은혜의 강물 D 33
인생 역전의 은혜 F#m 150
인생 최대의 발견 Dm 88
인생은 누구나 C 17
인생을 절망으로 Gm 178
인생의 뿌리를 치료받을 때 F#m 151
인생의 크기는 믿음의 크기 C 18
일어나라 빛을 발하라 Bb 165
일을 행하시는 여호와 C 19

자

자아를 깨뜨리세 D 34
잠시 있다 없어질 D 35
죄로 인해 쌓인 Cm 70
주 나와 함께 하시네 Bb 166
주 보혈 주 보혈 G 110
주 은혜 한량없네 C 20
주께 맡기세 F 85
주께 영광 A 128
주님 주신 사명따라 Bb 167
주님 주신 열정 A 130
주님의 보여주신 나의 꿈 G 111
주님의 사랑 아니면 A 131
주님의 성령 A 129
주를 위한 삶 A 132
주의 사랑으로 살아가리 Eb 56
진리를 알지니 G 112

차

찬양 우리의 모든 것 D 36
참된 그리스도인은 Bb 168
참된 기쁨 C 21
참된 평안을 G 113

카

크고 위대하신 하나님 C 22
큰 집에는 금 그릇과 G 114

파

푯대를 향해 C 23
플러스 인생 Gm 179

하

하나님은 성결한 영혼에 A 133
하나님은 우리에게 C 24
하나님은 우리의 깊은 상처 C 25
하나님의 사람 C 26
하나님의 사랑은 상한 D 37
하나님의 사랑은 Bm 48
하나님의 영으로 G 115
하나님의 은혜를 받아 C 27
하나님의 임재 안에 A 134
하나님의 통치를 Dm 89
하나님이 기뻐하시는 금식 Cm 71
하나님이 예비하신 Dm 90
하나님이여 나를 도우사 G 116
하나님이여 나를 살피사 G 117
하늘의 보고를 Eb 57
할까 말까 D 38
해결할 수 없었던 Bm 49
행복한 인생을 꿈꾸는 Dm 91
허물의 사함을 받고 Cm 72
힘 없이 쉬운 길만 Gm 180

Contents

남자키 | 코드순

C

기쁨이 압도하는 삶 C 1
깨닫는 만큼 영적 도약 이루고 C 2
내 인생에 놓여진 C 3
너희는 모든 악독과 C 4
네 입을 크게 열라 C 5
메마른 내 가슴에 C 6
모세의 지팡이 C 7
불 같은 성령으로 C 8
사람들은 이 세상 복 C 9
사람들의 인정과 칭찬을 C 10
성령은 지혜와 총명의 영 C 11
성령의 바람 날개 달고 C 12
수많은 사람들 중에 C 13
오직 성령이 너희에게 임하시면 C 14
우리는 어부 사람 낚는 어부 C 15
우리의 겉사람은 C 16
인생은 누구나 C 17
인생의 크기는 믿음의 크기 C 18
일을 행하시는 여호와 C 19
주 은혜 한량없네 C 20
참된 기쁨 C 21
크고 위대하신 하나님 C 22
푯대를 향해 C 23
하나님은 우리에게 C 24
하나님은 우리의 깊은 상처 C 25
하나님의 사람 C 26
하나님의 은혜를 받아 C 27

D

감사함으로 그 문에 D 28
너희 죄가 주홍 같이 D 29
무엇을 먹을까 D 30
없앨 싸움 피할 싸움 D 32
영적능력은 분별하는 D 31
은혜의 강물 D 33
자아를 깨뜨리세 D 34
잠시 있다 없어질 D 35
찬양 우리의 모든 것 D 36
하나님의 사랑은 상한 D 37
할까 말까 D 38

Bm

거친 풍랑과 같이 Bm 39
내 생각으로 육신의 생각으로 Bm 40
내 영혼의 밀실까지 Bm 41
내 인생의 가장 귀한 분 Bm 42
무엇이든지 내게 Bm 43
살아계신 하나님의 사랑은 Bm 44
상처 받을 수밖에 없는 Bm 45
속사람이 병든 사람은 Bm 46
어느 날 나에게 닥친 고난과 아픔 Bm 47
하나님의 사랑은 Bm 48
해결할 수 없었던 Bm 49

Eb

능력의 십자가 Eb 50
두려워하지 말고 Eb 51
세상 속에 묻혀 Eb 52
우리 모두 마음의 눈 열고 Eb 53
우리 인생의 최대의 복 Eb 54
우리의 인생을 Eb 55
주의 사랑으로 살아가리 Eb 56
하늘의 보고를 Eb 57

Cm

가릴 수 없는 Cm 58
나의 욕심 Cm 59
내 안에서 역사하는 Cm 60
내가 입을 열지 않을 때 Cm 61
말씀은 미숙한 우리를 Cm 62
말씀의 빛이 Cm 63
상처로 인한 망상 Cm 64
성령으로 아니하고는 Cm 65
세상과 벗이 되어 Cm 66
수많은 사람들이 보화 Cm 67
우리가 고난 당할 때 Cm 68
위장에 능한 거짓의 아비 Cm 69
죄로 인해 쌓인 Cm 70
하나님이 기뻐하시는 금식 Cm 71
허물의 사함을 받고 Cm 72

F

거칠고 험한 인생길 F 73
나를 능하게 하신 주 F 74
내 영혼의 곤고함 F 75
믿음의 눈으로 F 76
성령의 뜨거운 불 F 77
성령의 불은 F 78
십자가 지셨네 F 79
십자가에서 F 80
예수님의 사랑의 시선이 F 81
예수님이 흘리신 F 82
우리 모두 고난의 F 83
우리의 낮아짐은 F 84
주께 맡기세 F 85

Dm

살아가는 이유 모르고 Dm 86
아름답고 신실하신 Dm 87
인생 최대의 발견 Dm 88
하나님의 통치를 Dm 89
하나님이 예비하신 Dm 90
행복한 인생을 꿈꾸는 Dm 91

G

가나안 땅 귀한 성 G 92
가장 부요한 인생 G 93
꺼지지 않는 불 G 94
나를 향한 하나님의 계획 G 95
낙엽은 바람을 G 96
내가 여호와를 항상 G 97
눈물 없는 곳 G 98

Contents

두려워하지 말라 G 99
망상에 빠져 G 100
보배되신 나의 주님을 G 101
사랑의 주님이 G 102
성령이 임하시면 놀라운 역사 G 103
여호와의 손이 짧아 G 104
영적전쟁 패배할 때 G 105
예수 나의 좋은 친구 G 106
예수 안에 있는 자 G 107
예수의 흘린 피 G 108
우리는 영적싸움에서 G 109
주 보혈 주 보혈 G 110
주님의 보여주신 나의 꿈 G 111
진리를 알지니 G 112
참된 평안을 G 113
큰 집에는 금 그릇과 G 114
하나님의 영으로 G 115
하나님이여 나를 도우사 G 116
하나님이여 나를 살피사 G 117

A

내 주의 성령님 A 118
너는 모든 일에 신중하여 A 120
너희는 여호와의 A 121
똑똑똑 똑똑똑 예수님 A 122
모든 상황 속에서 역전승을 A 123
살아있는 하나님 말씀 A 124
십자가에서 흘리신 A 125
업 앤 다운 A 126
우리 주의 성령 A 119
위대한 힘 A 127
주께 영광 A 128
주님 주신 열정 A 130
주님의 사랑 아니면 A 131
주님의 성령 A 129
주를 위한 삶 A 132
하나님은 성결한 영혼에 A 133
하나님의 임재 안에 A 134

F#m

겉사람은 낡아지나 F#m 135
깊은 열등감의 F#m 136
깊은 우울과 절망 F#m 137
내 영혼에 닥쳐온 F#m 138
내 힘과 생각으로 F#m 139
너무나 오랜 세월들 F#m 140
믿음의 사람은 F#m 141
사람들은 저마다 F#m 142
선한 목자 나의 주 F#m 143
성인아이 쉽게 상처받고 F#m 144
승리의 길 형통의 길 F#m 145
영적 무감각에 빠져 F#m 146
영적전쟁에서 F#m 147
영혼이 병든 사람은 F#m 148
우울감을 안고 사는 F#m 149
인생 역전의 은혜 F#m 150
인생의 뿌리를 치료받을 때 F#m 151

Bb

나 주를 만난 후에 Bb 152
나의 자아 깨뜨려 Bb 153
명절 끝날 큰 날에 Bb 154
문을 열어라 Bb 155
복음을 전파하라 Bb 156
새로운 미래의 창 Bb 157
성령은 죄로 인해 더러워진 Bb 158
성령의 바람이여 Bb 159
성령의 생수는 Bb 160
수원을 새롭게 시민을 빛나게 Bb 161
여호와는 나의 목자 Bb 162
우리의 싸움은 혈과 육을 Bb 163
위대한 발견 Bb 164
일어나라 빛을 발하라 Bb 165
주 나와 함께 하시네 Bb 166
주님 주신 사명따라 Bb 167
참된 그리스도인은 Bb 168

Gm

깜깜한 사망의 골짜기를 Gm 169
나에게 다가온 고난 Gm 170
나의 깊은 상처를 Gm 171
세상길을 걸어가는 Gm 172
십자가는 우리의 Gm 173
십자가의 능력이 임하는 Gm 174
알 수 없는 불안감 Gm 175
영적전쟁 진리와 거짓의 Gm 176
우리 모두 병든 속사람을 Gm 177
인생을 절망으로 Gm 178
플러스 인생 Gm 179
힘 없이 쉬운 길만 Gm 180

Contents

남자키 | 테마순

보라! 행복한 주의 종들을

가릴 수 없는 (김용재) Cm 58
나에게 다가온 고난 (김선주) Gm 170
너무나 오랜 세월들 (서민주) F#m 140
망상에 빠져 (김현국) G 100
사람들의 인정과 칭찬을 (김지민) C 10
살아가는 이유 모르고 (이광호) Dm 86
알 수 없는 불안감 (김승희) Gm 175
어느 날 나에게 닥친 고난과 아픔 (한수산나) Bm 47
해결할 수 없었던 (김선주) Bm 49
힘 없이 쉬운 길만 (김지환) Gm 180

내적치유

깊은 열등감의 F#m 136
깊은 우울과 절망 F#m 137
나의 깊은 상처를 Gm 171
내 인생에 놓여진 C 3
내 영혼에 닥쳐온 F#m 138
망상에 빠져 G 100
상처로 인한 망상 Cm 64
알 수 없는 불안감 Gm 175
영적 무감각에 빠져 F#m 146
우리 모두 병든 속사람을 Gm 177
인생을 절망으로 Gm 178
하나님은 우리의 깊은 상처 C 25
하나님이여 나를 살피사 G 117
힘 없이 쉬운 길만 Gm 180

감사

모든 상황 속에서 역전승을 A 123

보혈

십자가에서 흘리신 A 125
주 보혈 주 보혈 G 110

성령

꺼지지 않는 불 G 94
성령으로 아니하고는 Cm 65
성령은 죄로 인해 더러워진 Bb 158
성령은 지혜와 총명의 영 C 11
성령의 바람이여 Bb 159
성령의 불은 F 78
성령의 생수는 Bb 160
성령이 임하시면 놀라운 역사 G 103
오직 성령이 너희에게 임하시면 C 14

십자가

능력의 십자가 Eb 50
십자가 지셨네 F 79
십자가에서 F 80
십자가는 우리의 Gm 173
십자가의 능력이 임하는 Gm 174

영적전쟁

없앨 싸움 피할 싸움 D 32
영적전쟁 진리와 거짓의 Gm 176
영적전쟁 패배할 때 G 105
영적전쟁에서 F#m 147
우리는 영적싸움에서 G 109
위장에 능한 거짓의 아비 Cm 69

임재

내 주의 성령님 A 118
우리 주의 성령 A 119
주님의 성령 A 129

임직

수많은 사람들 중에 C 13

입례

주께 영광 A 128

전도

복음을 전파하라 Bb 156
불 같은 성령으로 C 8
성령의 뜨거운 불 F 77

기쁨이 압도하는 삶 1

작사 & 작곡 이순희

♩= 90
기쁨이 압도하는 삶 모든것이 기쁨으로 덮이 네
하나님을사랑할수 록 주를위해헌신할수 록
더 욱 깊 은 영 적 기 쁨 위 대 함 누 리 네
상 황과 환 경 을 초 월 하 여 기 쁨 누 리 고
넉 넉하게넘치 는 인 내 와 위 대 한승리 를 이 루 네
삶 의 모든순간 에 영 - 적 인 참 된 기 쁨 누 리 고
기 쁨의능력으 로 충 만 한 열 매 맺 기 원 하 네

2 깨닫는 만큼 영적 도약 이루고

작사 & 작곡 이순희

♩= 80
C C/E F G
깨 닫는 만 큼 영적도약이 - 루 고
깨 달음 - 을 방해하는영적무 지
5 F G C/E F G C C/E
깨 닫는 만 - 큼 삶이변화된 다 네
자 아와 욕 - 심 부추기는고 - 집
9 G F G F G
진 리를깨 달을 때 참된자유누 - 리 고
모 두다버 리 - 고 주님앞에나아갈 때
13 G F G F G C C/E
사 랑을깨 달을 때 영적성장이 루 네
깨 달을수 있다 네 땅의것을버 리 고
17 F C/E F G F D G
깨달음의 - 참된깊이는 깨어 짐의 깊 이
하나님께 - 초점맞출때 깨달 을수 있 네
21 F C/E F G F G C
깨어짐으로 어둠에속한 악한권세이 - 기 세
참만족 - 과 행복누리며 주와함께살아가 네
25 C C/E F G
사 랑의 나의 주 깨닫게해주 시 네
29 F G C/E F G C
능 력의 나의 주 승리하게하 시 네

내 인생에 놓여진

작사 & 작곡 이순희

♩= 78
내 인 생에 놓여 진 막막 한 문제안 에 서
알 수 없는 슬픔 과 외로 움 에 - 갇 힌 나
날마 다 하나님 께 부르짖으 며 살 았 네
주님 은 죄로덮 인 나의영 혼 사로잡았 네
말씀의빛을비 춰 내자아깨뜨리셨 네
기 적의하나님 능력의하나님 치료의하 나 님
성 령 의 능력으 로 나의결박풀어주셨 네
고 난으로 답답하 고 곤고했던 내 인 생
이 제 는고 난 - 이 유익 이라말할수 있다 네
나 이 제행 복하 게 주신 사 명 - 감당하 리

4 너희는 모든 악독과

엡 4:31-32

작사 & 작곡 이순희

♩= 78
C Dm C/E F G
너 희 는 모든 악독 과 노함과 떠드는 것 과
5
C Dm C/E G/D F G C
비 방 하 는것 을 모든악의와 함 께 버 리 고
10
C G/B C G/B
서 로 친 절 하게하 며 서 로 용 서하 기 를
15
C Dm C/E F G C C/G
하 나 님 이 그리스도 안에서 너희를 용서하심같이하 라
20
C G/B G F C/E F G G/B
우리모두 주님의명령대로 살 아 가 세
24
C G/B G F G G/B C
우리모두 이웃사랑실천하며 살 아 가 세
28
C Dm C/E F G
나 이 제 끝없 는 내 주님의 크신사랑 으 로
33
C Dm C/E G/D F G C
이웃 사 랑실천하며 열매맺는삶 살 아 가 겠 네

네 입을 크게 열라 5

C
남자

작사 김한지
작곡 이순희

♩= 80
C Dm G/B F/A G
네 입을 크게 열라 내 가 채우 리 라
C C/E F G F/A G C
좋은 것으로 채우신다는 축 복 의 말 씀
F G Am G/B C D D/F♯ G
우 리모 두 입을크게 열 어 아 아 아
F G Am G/B C D D/F♯ G
주 님주 신 비전을 붙 잡 고 아 아 아
G F C/E G F G
넘 치 게 부어주실 주님 께 아 아 아
G C/E Dm C/E F G C
삶 의모든순간 에 주를신뢰하 며 입을크게벌려 아 아아
C G/B F/A C/G F C/E G/D G
말씀 의복 사명 의복 형통의복 부으시 는 하나님
C G/B F/A C/G F G C
사랑 의주 하나님께입을 크게벌려 아 아아

6 메마른 내 가슴에

작사 김지원
작곡 이순희

♩= 80
메 마른내가슴 에 사 랑을심어주셨 네
말 씀으로다가오 신 한 없는십자가사 랑
그사 랑이 나를 부르시네 강물같은 사랑 부으시 네
그사 랑이 나를 부르시네 내잔이넘 치 네
죽 -음도 끊을수없는 주 님의놀라운사 랑
만 -민을 변화시키는 놀 라운주님의은 혜
나 를변화시키 네 십자가의사 -랑으 로
내 안에서흐-르 는 넓고크신사랑전하 리

모세의 지팡이 7

작사 김지원
작곡 이순희

♩= 100
C Dm C/E F G F G C
모세의지팡이 모세의지팡이 기적의 선물이라 네
5 C Dm C/E F C/E Dm G/B C
모세의지팡이 모세의지팡이 능력의 지팡이라 네
Fine.
9 C Dm G/B F/A G
휘 두르기만하 면 살 아있 는 듯
13 F F/A G F G C
모든문제해결하 네 모 세의 지팡 이
17 F C/E G F G
모 세는 이스라엘을 지팡이 하 나 로
21 F C/E G F G C
애굽 에서 해방시켰네 하나님 함께하셨 네
D. C

8 불 같은 성령으로

전도

작사 & 작곡 이순희

♩= 106
불 같은성령으 로 땅끝까지복음전하 세
불 같은열정으 로 주의사랑나타내 세
오 직성령의 충만함받아 땅끝까지복음전하 세
고 난으 - 로 괴로워하며 눈물흘리는자들에 게
외롭고소외된자 지친자들에 게 주의사랑전 하 세
주님의빛을받아 가장멀리 가장 밝게주의빛비추 세
불 같은성령으 로 어디서나밝은빛되 어
부 흥의주역으 로 전 - 도의열매맺으 세

사람들은 이 세상 복

9

C 남자

작사 & 작곡 이순희

♩= 80
사람들 은 이세상 복 누리 며 살기 원하 네
물질의 복 -누리려 고 물질 에 집착 하 네
명예 의 복누리려 고 사람 에 게집착하 고
장수 의 복누리려 고 건강 관 리집착하 네
육에속 한복- 갈망하는자 땅의것 바라보 네
욕심껏 움켜 쥐 며 집착하는삶 살아 가지 만
하 늘의복- 구하는 자 위의것 바라보 며
세 상에서- 누릴수없는 참된행복누린다 네
우리모 두 하나님 을 아는복 을누 리- 며
복의근 원 -하나님 이 주시 는 복누 리 세

10 사람들의 인정과 칭찬을

보라! 행복한 주의 종들을 (김지민)

작사 & 작곡 이순희

♩= 90

C C/E F G

사람 들 의 인정 과 칭 찬 을 구하면 서 도

5 C G/B C F/A G/B C

깨닫 지 못하고 가식과 거짓으로 가득했던내 인 생

10 G F C/E G F G

하 나님을위 해 성실하게 살았다고착각했 네

14 G F G C/E G G/B C

내 마음은점 점 굳어져 감 각을잃 었 네

18 C F/A C G/B F/A G

어둠 속 에서 홀로 헤매이다 주님 께 부르짖 었 네

23 F C/E G C/E F G C

그때 주 님 나 를 찾아오사 굳은 감각치료하 셨 네

28 C C/E F G

하 나 님 만 경외 하 며 진실 된 삶 살게하셨 네

33 C G/B C F/A G/B C

이제 는 참 - 된 기쁨과 평안누리 며 주를위해살 리

성령은 지혜와 총명의 영

11

작사 & 작곡 이순희
♩= 80
성 령 은 지 혜 와 총 명 의 영 모 략 과 재 능 의 영
성 령 은 지 식 의 영 여 호 와 를 - 경 외 하 는 영 이라 네
성 - 령 의 인 도 를 받 을 때 행 복 과 기 쁨 충 만 누 리 네
성 - 령 의 인 도 를 받 을 때 평 안 과 승 리 의 삶 산 다 네
생 각 과 마 음 의 작 은 부 분 까 지 도 성 령 의 인 도 받 을 때
하 나 님 과 하 나 되 는 삶 세 상 을 이 기 며 성 령 의 열 매 맺 네
성 령 의 열 매 맺 으 며 이 땅 에 서 도 천 국 누 리 네
성 령 의 인 도 받 아 주 님 의 뜻 - 이 루 며 살 아 가 리 라

12 성령의 바람 날개 달고

작사 & 작곡 이순희
♩= 78
C Dm G/B Am G G/B
성 령 의 바람 날개 달 고 날 아오 르 리
의 인도 하심 따 라 열 매맺 으 리
5 C Dm G/B Am G G/B C
여 호 와 를경 외함 으 로 독 수리 같 이 (성령)
여 호 와 를의 지함 으 로 자 유케 되 리
10 G F/A G F G
그 -어떤 장애물 이라도 뚫 고나 가 리
14 G F G F G
그 -어떤 장애물 이라도 두 렵지 않 네
18 G G/B F/A G G/B C G/B
높은산이가로막 혀 있어도 풍랑이일어나는 거친바다도
22 F/A Dm G/B F/A F G
내앞길가로막는 어떤문제도 성령의바람날개 타고날으니
26 C C/E F G C
나 는두렵지않 네 나 는놀라지않 네
30 C Dm G/B Am G G/B
수많 은 문제 앞에 서 도 날 아오 르 니
35 C Dm G/B Am G G/B C
피곤 치 않네 곤비 치않네 나 는자유 해

임직

수많은 사람들 중에

13

C 남자

작사 & 작곡 이순희
♩= 78
수많 은 사람 들중 에 우릴택하 여 사명주시 고
주님 의 귀한 사역 을 감당케 하시려 불러주셨 네
한없 이 넓고 크신 하 나 님 은혜를 체험하 고
누렸 던 수많 은 시 간 들 기뻐하며감사하 네
O -O 임직 받던날 눈물 흘리며 결단했던 일
주 -의사랑 전하며 교회 와성도 섬기리라 다짐했던일
때 론기쁘게 때론책임감으로 버겁게 달려왔지 만
사 랑의주님 모든것아시기에 맡기고 달려나가 네
천국 가 는그 날까 지 생명다하 여 주신사 명
충실 하 게감 당하 여 주님의뜻 이루며 살아가리 라

14 오직 성령이 너희에게 임하시면

성령

행 1:8

작사 & 작곡 이순희

♩= 90
오직성 령이 너희에게 임하시 면 너희가 권능을받고
예루살 렘과 온유대와 사마리 아 땅끝까 지
내 증인되리 라 말씀하신나 의 주
지 금 이시 간 내 게 임하소 서
온 전히성령의인 도 받 으며살기원하 네
주 님의놀라운사 랑 나타내며살기원하 네
주님주 신성 령의권능 능력으 로 세 상 에
빛을발 하며 주의사랑 나타내 며 살아가 리

우리는 어부 사람 낚는 어부 15

작사 & 작곡 이순희
♩= 100
C Am F G
우리 는어부 사람낚는어부 천국 의어부 라 네
C Am F G C
우리 는어부 사람낚는어부 천국 의어부 라 네
C G/B F/A G F C/E F G
많은 사람 들 행복 찾아 세상 에그물 을 던 지네
C G/B F/A G F C/E G C
부귀 명예 와 권세 찾아 세상 에그 물을 던 지네
G F G G/B F/A G
잠 시있 다 없 어 질 헛 된것 구 하 면 서
G F G G/B F/A G/B C
만 족얻어보려 하 지 만 절 망과 낙 심 뿐 이 네
C G/B F/A G F C/E F G
그래 도헛 된 그물 질은 계속 우리를 곤 고케하네
C G/B F/A G F C/E F G C
이제 우리 는 사람 낚는 어부 되어 사 명 감당하세

16 우리의 겉사람은

작사 & 작곡 이순희
♩= 80
우 리의 겉사 람은 - 낡 아지 지 만
우 리의 속사 람은 - 날로날로새롭게되 네
우 리가 잠시 받는 환난 의 경한것 이
지 극히 크고영원한 영광 의 중한것을이루 게 함이니
우리가주목하는 것은 - 보이는것이아니 요
보이지않는것이 니 보이는것은 잠깐이 요
보 이지 않는 것은 - 영 원함 이 라
하 늘에 시민권 두고 - 속사람을강하게하 네

인생은 누구나

17

작사 & 작곡 이순희

♩= 112
C G C C/E F C/E F G
인생은누 구 나 착하고 선한삶 살기원하 네 (원해)
5 C G C C/E F C/E G C C/E
그러나자 신 이 원하는 삶을 - 살지못하 네 (못해)
9 G Dm G/B C F/A G
소 망찬 인생 을 꿈 꾸 며 살 아 가 지만
13 G Dm G/B C F/A G/B C
상 처에 이끌 려 불행한 삶 살 아 간 다 네
17 C G C C/E F C/E F G
주님께나 아 가 어둠물 리치고 상처씻음 받아 (받아)
21 C G C C/E F C/G G C
행복과평안한 삶 자유한 인생 - 살아가 - 세

18 인생의 크기는 믿음의 크기

작사 & 작곡 이순희
♩= 100
C C/E F C/E F G G/B
인 생의 크기 는 믿 음의 크기라 네
C C/E F C/E G C
믿 음의 분량만 큼 행복한삶 살아가 네
C C/E F G F G
큰 믿음 은 하늘 의문 열 수있 으 며
F C/E F G F G C
영 적풍 요 넉넉 하게 이 기게 하 네
C C/E F G G/B
믿음으로 모든역경 환난을 이기게하 네
C C/E F G G/B C
믿음으로 예비하신 모든복 누리게하 네
C G/B C G/B C Dm C/E F G
믿음안에 있는 자 영광을 얻어 도 교만치 않 네
C G/B C G/B C Dm C/E F G C
조롱과멸시받고 죽 임을당 해도 영광을 잃지않 네

일을 행하시는 여호와 19

렘 33:2–3

작사 & 작곡 이순희
♩= 90
일을 행하 시는 여 호와 그것을 만들며 성취하시는 여
호와 그의 이 름을 여호와라 하는이 가
이 - 와같 이 이 르시 도 다
너는내게부르짖으 라 내가네게응답하겠 고
네가알지 못하 는 크고은밀 한일 을
네 게보이리 라 말 씀하 셨 네
나의 주내 하나 님 내가 부르짖 나이다 부르짖나이다
크고 은밀 한 일을 내게보여 주소 서

20 주 은혜 한량없네

작사 & 작곡 이순희

♩= 80
주 은혜 한량없네 나를향한 주의사랑
끝이없는 조건없는 크신사랑 전 하 세
형 제를사랑 하 면 사망에서 생 명으로
들어간줄 알 거니와 사랑하지 않 으 -면
사 망 에 머물러있다 말씀하 신 주
주 의사랑 의 너비와 길이와 높이 와 깊이를 깨달아
그 사랑으 로 형제를 사랑하여 생 명을 얻 으리

참된 기쁨

작사 & 작곡 이순희

♩= 100
참 된기쁨 주님주신기쁨 눈으로 보이지않 네
참 된기쁨 주님주신기쁨 누리며 살아가 세
죄와 상처에 매여 있던 사람 이 자유를얻는기 쁨
마귀 노예에서 하나 님의자녀 로 변화되는기 - 쁨
성령 안 에서 의와 평강 누 리는 기 쁨
이것 이 주님 주신 기쁨 참 된기쁨이라 네

22 크고 위대하신 하나님

작사 & 작곡 이순희
♩= 106
크고 위대 하신 하 나님 - 늘 함께 하시 네
크고 위대 하신 하 나님 - 나 를도 우시 네
Fine.
하나님 의사랑 과 능 력 지혜는 끝이없 네
영원전 부터 영원까 지 시간을 초월하 여
스스 로존재하시 는 하 나 님 나 의 주
최고의권능과 아름다운 권능 지혜를 지니신 분
어떠한문제도 넉넉히이길힘과 능력을주 시 네
D.C

푯대를 향해

23

C 남자

빌 3:12-14

작사 & 작곡 이순희

♩= 76
Fine.
푯 대를향해 달려나가리 부르심의 상을향 해
내가이미얻었다 함도아니요 온전히 이루었다 함도아니라
오직내가예수께 잡힌바된그것을 잡으려 달려가노 라
형제들아나는아직 내가잡은줄로 여기지 아니하 고
오직한일 즉 뒤에있는것은 잊 어버 리 고
앞 에있는것 을 잡으려 달 려가 노 라
푯 대를향 해 그리 스도예수안에서 하나님 이
위 에서부르 신 부름 의 상을위해달려 가 노 라
D.C

24 하나님은 우리에게

작사 & 작곡 이순희

♩= 100
C Dm G/B F/A G G/B
하나님은 우리에 게 참된자유 주시 네
C Dm G/B F/A G/B C
하나님이 일하시 는 곳에는 자 유가있 네
Fine
G F C/E F G
회복의 역사 자유의 역사 치유의 역사 임한다 네
G F G F G C
성 령 님은 우리에 게 강한능 력 주 시 네
F G F/A G F G
성 령님 이 임하시는곳 에 는 열매맺히 고
F C/E G G/B C
자 아는 죽고 예수로 사 는 삶 시작되 네
D.C

하나님은 우리의 깊은 상처 25

작사 & 작곡 이순희

♩= 80
C G/B C F/A G
하 나님 은 우 리의- 깊은상 처어루 만 지네-
C G/B C F/A G C
능 력으 로 인 생의- 짙은우 울치료 하 시네-
G C/E F G
상 처의 고통으 로 신음 하던 내인 생
G C/E C F/A F G
치 료의 은혜받 아 찬양 하는삶으로 변화되네-
F C/E G C/E G
과 거의아픔으 로 우울 하 던 내안 에
F G G/B G C
회 복의능력받 아 간증 하는삶으로 역전되네-
C G/B C Dm C/E F G
사 랑의 주 능 력의주 치료의 주님을 찬 양해-
C G/B C Dm C/E F G C
내 마음 과 정 성다해 오직주 이름만 높 이리-

26 하나님의 사람

작사 & 작곡 이순희
♩= 106
C Dm C/E G C/E G
하 나님의사람 하나님을 믿을 때 능력의삶 살게되고
C Dm C/E G G/B C
십 자가의능력 믿을 때 영원 한 생명허락받았 네
G F G F C/E F G
하 나님의나라 를 믿을때 천 국을준비하는 삶 살고
G F G F G C
하 나님의성취 를 믿을때 담대한삶살아가 네
C Dm C/E G C/E G
하 나님의섭리 믿는자는 어떤 일 에도 낙심 하지않고
C Dm C/E G G/B C
하 나님의언약 믿을 때 존귀 한 자로 세워지 네

하나님의 은혜를 받아

27

작사 & 작곡 이순희

♩= 80
C C/E F G
하 나님의은혜 를 받아 - 정결하 고성결 한 영혼 -
C C/E F G C
하 나님의통치 를 받아 - 진리안 에자유 하 세
Fine
G F G Dm F G
건 강한정신으 로 바 른 생각을하 고
G F G G/B C
건 강한마음으 로 인 생의풍랑을뚫 고
C Dm C/E F G Dm G/B
건강한언어로 서로를 세우고 건강한양심으 - 로
C Dm C/E F G Dm G/B C
즐겁고기쁘게 진 - 리 안에서 자유하며살아가 세
D.C

28 감사함으로 그 문에

작사 & 작곡 이순희
♩= 80
감사 함으로 그 문에 천국 문 에 들어가 며
찬송 함으로 그 궁 정에 궁 - 정 에 들어가 서
그 에게 감사하 며 그의이름을 송축 할지어 다
범 사에감사하라 는 주 님의말씀따 라
어 떠한상황속에 도 감사하며살아가 세
형 - 통할때 감 사 는 그 누구라 도 할수있지만
환 - 난의때 감 사 는 성 숙한자만이 할수있다네
우리 모 - 두 고난의때 인생 의 위기속에서 도
흔들 리지않 는 믿음으로 감사 하 며 살아가 세

너희 죄가 주홍 같이

작사 & 작곡 이순희

♩= 100
D A/C♯ D A/C♯ D
너 희 죄 가 주 홍 같 이 붉 을 지 라 도
D A/C♯ D A/C♯ A
너 희 죄 가 진 홍 같 이 붉 을 지 라 도
G A G A
흰 눈 같 이 양 털 같 이 희 게 되 리 라
D D/F♯ A G A D D/F♯
성 결 한 영 혼 정 결 한 영 혼 얻 게 되 리 라
G D/F♯ G A
주 보 혈 주 보 혈 내 죄 사 해 주 시 네
G D/F♯ G A
주 보 혈 주 보 혈 나 를 정 케 하 시 네
G D/F♯ G A
주 님 의 권 능 이 함 께 하 시 네
G D/F♯ G A D
험 한 세 상 가 운 데 빛 을 발 하 네
D A/C♯ D A/C♯ D
우 리 주 의 권 - 능 이 함 께 하 시 네
D A/C♯ D A/C♯ D
험 한 세 상 가 - 운 데 빛 을 발 하 네

30 무엇을 먹을까

작사 & 작곡 이순희
♩= 90
무 엇을먹을까 무 엇을마실까 무 엇을입을까 염려하지마라
먼저그의나라와 그의의를구하면 이 모든것을네게 더하시리라
공 중에 나는 새 를보라 심 지도 않 고
거 두지도않 고 창고에 모아들이지도않지 만
너 희 하나님께 서 기 르 시 나 니
너 희는이것들보 다 귀 하지아니하 냐
들 에핀 백합화를보라 아름다움을 위하 여
수 고도 아니하 고 길 쌈도아니하 느 니 라
공 중의 새도 먹 이시고 들 에핀 백합 도
입 히시는주 님 함께하시 니 염려하지않으 리

영적능력은 분별하는 31

작사 & 작곡 이순희

♩= 90
D Em A/C# G/B D A/C# D
영 적능 력 은 분별하는 실력으로나타나 네
5 D Em A/C# G/B D A/C# D D/F#
분 별하는성도 는 혈과육의 싸움을 하지않 - 네
사람과 - 환경을 탓하지않 네
9 A Bm A/C# D D/F#
사 람배 후 에 문 제 배 후 에
13 A Bm A/C# D
환 경배 후 에 역사하는 악한 영
17 D Em A/C# G/B D A/C# D
분 별의 능 력 받기위해 말씀의조명받 아
21 D Em A/C# G/B D A/C# D
성 결한 - 영혼 을 소유하여 어둠의영물리치 네

32 없앨 싸움 피할 싸움

영적전쟁

작사 & 작곡 이순희
없앨싸움 피할싸 움 싸우지말 고 싸울싸움 싸우 세
성령 의인도 받 기 위 해 우 리 는없앨 싸 움
피할 싸움 싸울 싸움 분별 해야 하 네
없 앨싸 움 은 자기욕심 으로 - 만들어진 싸 움
피 할싸 움 은 세상유혹 과 악한영의미혹 으 로
만들어진싸움 우리가 싸울싸움 은 우리안의죄와 의싸움
통치자들권세들 어둠의 세상주관자 하늘에있는악의영들 과의싸 움
우리모두정욕과 탐심을십자가에 못박아없앨싸움 없애 고
이세상의유혹과 악한 - 영의미혹 이기고피할싸움 피하 고

37
D
A/C♯
D
G/B
D
A
우리 안의죄 와 의싸 움 공중 권세를 잡 은
41
D
D/F♯
G
D/F♯
G
A
D
악한 영대적하여 싸울 싸움 싸워 승리 하 세

33 은혜의 강물

작사 & 작곡 이순희

♩= 90
D A/C♯ G/B D G/B A A/C♯ D
은 혜의강물 - 성 령의생수로 정결하게씻음받으 세
D Em D/F♯ A G A
은 혜의 강물 로 성 령의 생수 로
G D/F♯ Em A/C♯ D
넘 치는 샘물 로 나를치료하 시 네
D A/C♯ G/B D G/B A
맑은물을뿌려 나를정결케하네 모든더러운것에 서
D A/C♯ G/B D G A D D/F♯
맑은물을뿌려 모든우상숭배에서 나를정결케하시 네
A G A G A
성 - 령의 맑은물로 내 죄씻어주시 네
A G D/F♯ A A/C♯ D
성 - 령의 뜨거운불 나 를정케하시 네

자아를 깨뜨리세

34

D
남자

작사 & 작곡 이순희

♩= 72
자아 를깨뜨리 세 모 든죄몰아내 고
우리 의삶 속에 서 우 리의마음속에 서
죄를 없이 하려 면 성령으로채워야하 네
모 든죄와상처 몰아내고 - 자아 깨뜨리는 성령을구하 세
성 령의 강한능 력 뿌리깊은 죄의근성 변화시키 네
성 령의불이붙으 면 치 유와회복 부 흥과기적
변 화와성장 일어나 네 역 전의역사나타나 네
혼탁한내면이 깨끗한내면으로 교만한마음이 겸손한마음으로
우울한마음이 즐거운마음으로 역전 된 다 네

35 잠시 있다 없어질

작사 & 작곡 이순희

♩=80
D Em G A
잠 시있다없어 질 안 개같은인 생
5 D Em A A/C# D
잠 시피었다지 는 꽃 과같은인 생
9 D Em D/F# G D/F# G A
어 리석은자 는 유한한 인생에 집착하 고
13 D Em D/F# G D/F# A A/C# D
죄 가주는쾌락 에 인생을 낭비하며살아가 네
17 A G D/F# G E A
이 -제나 는 영원한 천국 바라 보 며
21 A D/F# G D/F# G A D
헛 -된자존 심 미움 욕심 교만 조급 함
25 D Em G A
십 자가에못박 고 천 국을준비하 여
29 D Em A A/C# D
성 결의능력으 로 천 국소유하 세

찬양 우리의 모든 것

작사 & 작곡 이순희
찬 양 우 리의모든것 깨 우는능력의 찬 양
능력의 찬양 은 우리 의 영혼을 깨우 네
우리의 용기 와 기 상 을 깨우는 찬 양
능 력의 찬양 은 모든 결박에서 자유케 하네 -
우 리의 잠재력 을 깨우는 영광의찬 양
찬 양이 넘치 는 곳 에 하나님의임재머무 네
찬 양이 넘치 는 곳 에 하나님의역사지속 되네 -
나의마 음다하 여 정 성 다 해찬양 하 리 라
나의주 하나님 만 높이 며 찬양하 리 라

D
남자

37 하나님의 사랑은 상한

작사 & 작곡 이순희
♩= 80
하나님의사랑은-상한내영혼치유하고 하나님의은혜는- 약한내영혼강건케하네
하나님의사랑은- 조건없는사랑 계산하지않는사랑 행복을가져다주는사랑
Fine.
그 하나님의 사 랑 이 내 눈을적 시 네
그 하나님의 사 랑 이 나 를 세우시 네
나 이 제 그 사 랑 에 감사하고 예배하며 찬 양 하 네
내 인 생 주 께 드 려 주님의뜻 이루며 열 매 맺 으 리
D.C

할까 말까

38

작사 김지원
작곡 이순희

D
남자

♩= 88
할까 말까 전도 할까 망설이는내 마 음
갈까 말까 예배 갈까 서성이는내 발 길
부끄 러운 마음가지고 다가가 속삭이 네
병든 내손 잡아주시는 예수님 크신사 랑
예 수믿으세 요 예 수믿으세 - 요
내 게다가와 서 사 랑한다하시 네
주 님일하시 네 나 와함께하시 네
드 릴까말까 소중한물질 내돈이라여 겼는 데
내 생명위해 십자가에서 피흘려 죽으신 주
나 의주 생각 나서 회개하며내어드리 네
청 지기 사명가지고 주님의뜻이 - 루 리

39 거친 풍랑과 같이

작사 & 작곡 이순희
♩=76
거친 풍랑과같 이 출렁 이는우리인 생
내생 각내뜻대 로 되지 않는삶속에 서
내 마음의 아픔과 괴로움 커 져만 가 네
수 많은 세월 불안과 고통과 두려움에속았지 만
이 - 제는 주품안에서 참된평강누리기원 해
안 - 식과 행복주 실 주님만을갈망합니 다
진리 와사랑의주 님 평강 과희락의주 님
내인 생맡기오 니 인도 하여 - 주소 서

내 생각으로 육신의 생각으로 40

작사 & 작곡 이순희

♩= 80
Bm Bm/D Em F# Em/G F# F#/A# Bm
내 생각 으 로 육신의 생각 으로 살아 가 면 서
5 Bm Bm/D Em F# Em/G F# F#/A# Bm
참 된평 강 을 구했네 참된 만족 을 - 구 했 네
9 Bm F#/A# G F# Bm/D Em F# Bm/D F#
그 러나 참 평 안을얻지못 해 나의영혼 곤고했네
13 Bm F#/A# G F# Em F# Bm
그 러던 어느날 만남의 축복을통 해
17 F# Em F# Bm F#/A# Bm
사랑의 주를만나 깨달음을얻었 네 육신 의생 각사망이요 -
21 F# Em F# Bm F#/A# F# F#/A# Bm
영의생각생명과평 안 이 네 영의생각 생명과 평안이 네
25 Bm Bm/D Em F# Em/G F# F#/A# Bm
육 신의 생 각 내려놓고 영의 생각 하게 하 시 네
29 Bm Bm/D Em F# Em/G F# F#/A# Bm
예 수안 에 서 내영혼 참된 평강 을 - 누 리 네

D
남자

41 내 영혼의 밀실까지

작사 & 작곡 이순희

♩= 80
Bm Bm/D F# Em Bm/D C#° F#/A#
내영혼의밀실까지 드러내어 만지시는사랑의주 하나님
5 Bm F#/A# G Bm Em F# F#/A# Bm
하나님의- 손길에내영혼 내인 생 맡겨드리 네
9 Bm F#/A# C#° Em F#
내 면이 병들 면 병 든인생살 고
13 Em F# F#/A# Bm F#/A# Bm
내 면이 우울하 면 우 울한삶사 네
17 Bm F#/A# Bm F#/A# G F#/A# Bm F#/A#
내면이건강하면 건강한삶살고 내면이행복하면 행복한삶사네
21 Bm F#/A# G F# G F#/A# Bm
상 처입은모습 그 대 로 연 약한모습그대 로
25 Bm F#/A# G F#/A# Bm Bm/D
치 료의 하나님 께 나 와 내 면치유받으 세
29 Em Bm/D Bm F#/A#
사 랑의나의주 치료하시네- 내 영 혼치료하시 네
33 Em Bm/D Bm F#/A# Bm
깨 끗한영혼- 정결한영혼- 영 원 히행복하게사 네

내 인생의 가장 귀한 분 42

작사 & 작곡 이순희

♩= 80
Bm C#° F#/A# Em/G F#/A# Bm
내인생의- 가장귀한분 예 수그리스 도
Bm C#° F#/A# F# F#/A# Bm Bm/D
내인생의- 최고의기쁨 주 와함께걷는 것
Fine.
F# Em F# Em F# F#/C#
한걸음 한걸음 주와함께걷다보 면
F# Em F# Em F#
성령의 열매가 내삶을가득채우 네
F# Bm/D C#° F#/A#
한 걸음 한 걸음 주와함께걷다보 면
F# Bm/D Em F# F#/A# Bm
고 난의 밤 에도 찬양하며살아가 네
D. C

D
남자

43 무엇이든지 내게

빌 3:7–9

작사 & 작곡 이순희
무 엇 이 든 지 내 게 유 익 하던것 을
내 가 그리스도 를 위하여 다 해로여길뿐이 라
모든것을 해로 여김은 내주예 수 그리스도를 위하여
모 -든것을 잃어버리고 배설물로 여김 은
그 -리스도 를얻고 그 안에서 발견되려 함이니
내가 가진 의 는 율법에 서 난것이 아니 요
오직 그리 스도 를 믿음으 로 말미암은것이 니
곧 믿 음 으 로 하나님 께로부터난-의 라
오 직 믿음으로 난 의 라 모든것을배설물로 여 기 네

살아계신 하나님의 사랑은 44

작사 & 작곡 이순희

D 남자

♩= 80
살아 계신 하나님의사랑은 우리를 변화시키 네
아무 리 험악하고거 - 친 성품을 가진자라 도
사랑을경험하면 부드러워지고 소심하고연약한 자라도
사 랑을경험하 면 용맹하고담대해지 네
오래참고온유한사 랑 시기질투하지않는 사 랑
교만하지않는사 랑 모든것 을 참으며 모 든것을 믿으며
모든것을 바라 며 모든것 을 견디느 니 라
살아 계신 하나님의사랑은 우리를 변화시키 네
지금 도 살아역사하시는 하나님을찬양하 네

45 상처 받을 수밖에 없는

작사 & 작곡 이순희
♩= 80
상 처받 을 수 밖에없는 - 환 경 에 서
나 를보 호 하 시는주를 - 믿 고 기도하 네
예 - 수안에 있 는 자 결코정죄함 없 네
생 - 명의 성령의 법 나를해방시키셨 네
공의로우신하나 님 께 인내하 며 기도하 네
깊은상처를씻어 내 어 주님의 뜻 이 루 네
상 처받 은 나 를위하여 - 십 자가지 신
물 과피 를 쏟 으신주님 - 나 의 주찬양 해

속사람이 병든 사람은

작사 & 작곡 이순희
♩= 80
Bm Em/G F♯ C♯° F♯/A♯
속 사람 이 병든사람은 병든삶 살아가 네
5
Bm Em/G F♯ Em F♯ F♯/A♯ Bm
사 랑하 며 살고싶어도 미워하며살아가 네
9
Bm F♯/A♯ Bm F♯/A♯
용 서하고싶어 도 미 워 하 며
13
Bm F♯/A♯ Bm F♯/A♯ Bm
연 합하고싶어 도 분 열일으키 네
17
Bm F♯/A♯ Bm F♯/A♯
열정으로살고싶지 만 소심하게간혀사 네
21
Bm F♯/A♯ G F♯/A♯ Bm
통제하지못하는생 각 감정들을바라보 며
25
Bm Em/G F♯ C♯° F♯/A♯
좌 절하 고 넘어지지만 사랑의주치료하시 네
29
Bm Em/G F♯ Em F♯ F♯/A♯ Bm
새 로운 삶 변화된 삶 인도하여주 - 시 네

D
남자

47 어느 날 나에게 닥친 고난과 아픔

보라! 행복한 주의 종들을 (한수산나)

작사 & 작곡 이순희
어 느날 나에게 닥 친 고난과아 픔
하나 님을 의지 할수 밖 에 없는나 의삶
나 의아픔아시 는 주 님 모 든것 아시 는 주 님
폭 포수 처럼 흐르는 말씀 십 자가의보혈 로
내마음치유하시 고 영육의 결박을 풀어주셨 네
주님주신달란트 로 주를위 해 달려가 리
날 마다 주안에 서 깨 어지고무너 져
하나 님의 동역 자되 어 열매맺기원 하 네

하나님의 사랑은

48

작사 & 작곡 이순희

♩= 80
Bm F#/A# Em F# F#/A#
하 나 님의 사랑은 상한내영혼치유하 고
Bm F#/A# Em F# F#/A# Bm
하 나 님의 은혜는 약한내영혼강건케 하 네
Bm F#/A# G F#/A#
조 건없는사 랑 한 계없는사 랑
Bm Bm/D F# F#/A# Bm
하 나님 의 크신사 랑 내 눈을 적시 네
F# Bm/D Em F# Bm/D F# Em F#
세우시는 하나 님의은 혜 살리시는 하나 님의은 혜
F# Bm/D Em F# Bm/D F# Em F# Bm
놀라우신 하나 님의은 혜 내영혼이 찬양 하게하네
Bm F#/A# Em F# F#/A#
나 이 제그 사랑에 감사해서예배하 리
Bm F#/A# Em F# F#/A# Bm
내 인 생주 께드려 진심으로찬 양하 리

D
남자

49

해결할 수 없었던

보라! 행복한 주의 종들을 (김선주)

작사 & 작곡 이순희

♩= 80

Bm Bm/D Em Bm/D F♯ /A♯

해 결할수없었 던 내 인생 앞에 - 펼쳐진 문 제 는

5 Bm Bm/D Em F♯ /A♯ Bm

내 힘으로어찌 할수 없었네 나는삶의의미를 잃 었 네

9 Bm Bm/D Em F♯ F♯/A♯

감 당할수없 는 문제로인 해 나의 자아 내려놓 고

13 Bm F♯/A♯ Bm C♯° F♯/A♯ Bm

고 통중에 서 몸부림치 며 하나 님께 매달렸 네

17 F♯ G Em Bm/D F♯

예 수여 예 수여 나 의기도 - 들어주소서

21 F♯ G F♯/A♯ Bm F♯/A♯ Bm

예 수여 예 수여 절 규하며 - 기도했 네

25 Bm Bm/D Em Bm/D F♯ /A♯

나 의주님나 - 를 만나주 - 시고 - 치료해 주 셨 네

29 Bm Bm/D Em F♯ /A Bm

주 의품안에서 행복 누리며 진리안에자유한 삶 사 네

능력의 십자가

작사 & 작곡 이순희

♩= 80
E♭
B♭/D
A♭/C
B♭
E♭
능력 의 십자가 사 랑의 십자 가 사망권세 이기신
5
하나 님 의능력 사탄마귀심 판하 신 하나님의 권-세
10
A♭
십자가의능력을 체험하 여 담대한삶살아가 네
14
E♭/G
십자가의능력에 나를맡기고 사명에몰입 하 네
18
Fm
십 -자가 의 능력으로 주님의뜻 이루 고
22
십 -자가 의 능력으로 축복의통 로되 네

E
남자

51 두려워하지 말고

사 41:10

작사 & 작곡 이순희

♩= 80
두 려워하지말고 놀 라지마라 내가너와 함께 하 리니
두 려워하지말고 놀 라지마 라 내가너를 도와 주 리라
Fine.
내 가너 를 굳 세계하리라 참 으로 너를 도와주리라
참 으로 의로 운 나의오른손으 로 너 를 붙들리 라
거친풍 랑 이 내게닥쳐도 나는두렵지 않 네
모진바 람 이 불어온대도 나는요동치 않 네
어 떤환 - 경 속에 서도 흔 들리지않 네
참 된사랑의 나의 주님 나 를지켜주시 네
D.C

세상 속에 묻혀

작사 & 작곡 이순희

♩= 80
E♭ Fm B♭/D E♭
세상 속 에묻혀살아 가는- 모든 사 람 들 은
E♭ E♭/G B♭7 E♭
저마 다 의행 복 을 찾아 이리 저리헤매이 네
A♭ E♭/G B♭ A♭ E♭/G
그 러나 세상 은 점점 더 악해져만가 고
A♭ E♭/G B♭ B♭/D E♭ E♭/G
참된 안 식얻 을수없 어 곤고 한 삶 살아가 네
A♭ E♭/G B♭ Fm/A♭ B♭
그 -러던 어느날 처절 하 게 무너져갈 때
A♭ E♭/G B♭ B♭/D E♭
3
사 -랑의 나의주님 내게 찾 아 오 셨 네
E♭ Fm B♭/D E♭
나이 제 외롭 지- 않네- 주님 이 함께하시 니
E♭ E♭/G B♭7 E♭
참된 행 복과 평 안 오직 예수 주안에있- 네

E
남자

53 우리 모두 마음의 눈 열고

작사 & 작곡 이순희
♩= 100
E♭ A♭ E♭/G A♭ B♭ E♭/G A♭ B♭
우리 모두 마음의눈열고 부르심의소 망 발견 하세
E♭ A♭ E♭/G A♭ B♭ B♭/D E♭
우리 모두 영의눈을열고 하나님의선하신뜻 발견 하세
E♭ E♭/G A♭ B♭ B♭/D E♭
평 범한아브라 함 부르심의 은총받아복의근원 되 었 네
E♭ E♭/G A♭ B♭ B♭/D E♭
양 치던목동다 윗 부르심의 은총받아이스라엘 왕 되었네
A♭ E♭/G A♭ B♭
평 범한 어부출 신 시 몬과 안드 레
A♭ E♭/G A♭ B♭ B♭/D E♭
그 들도 부르심의은총받아 예수님의제자되었 네
E♭ A♭ E♭/G A♭ B♭ E♭/G A♭ B♭
우리 모두 마음의눈열고 부르심의소 망 발견 하세
E♭ A♭ E♭/G A♭ B♭ B♭/D E♭
우리 모두 영의눈을열고 하나님의선하신뜻 발견 하세

우리 인생의 최대의 복

54

작사 & 작곡 이순희
♩= 80
우리 인 생의최대의 복 예수 님 을만나는 복 참된
만 족참된기쁨 은 오직 예 수께만있 - 네 우리
네 세상 의 모든 복 은 안개 와 같이사라지지 만
주님 주 신참된복 영혼의복은 영원토록나를살리 네
내 - 인생 최고의 복 주 를만나는 것
내 - 인생 최고의 복 주 와동행하는 것
참된 만 족영혼의기 쁨 내안 에 서넘쳐나 네
오직 성 령안에있 - 는 참된 행 복누리며사 네

55 우리의 인생을

작사 & 작곡 이순희

♩= 86
E♭ Fm E♭/G B♭ A♭ B♭
우 리의 인생 을 주도해 나 가는 생 각
E♭ Fm E♭/G B♭ E♭/G B♭7 E♭/G
생 각의방 향 은 인생의 방향을 결정하 고
B♭ B♭/D E♭ A♭ A♭/C B♭ B♭/D E♭ E♭/G
생 각의크 기 는 인생의 크기를 결정하 네
B♭ E♭/G B♭ A♭ E♭/G A♭ B♭
부정적인생각을 하는사람은 부정적인 삶을살 고
B♭ E♭/G B♭ A♭ B♭ B♭/D E♭ E♭/B♭
긍정적인생각을 하는사람은 긍정적인 삶을사 네
E♭ Fm E♭/G B♭ A♭ B♭
생 각이닫힌사 람 답답한 인 생을 살 고
E♭ Fm E♭/G Fm A♭ B♭ B♭/D E♭
생 각이열린사 람 창조적 진취적인삶을사 네

주의 사랑으로 살아가리 56

작사 & 작곡 이순희
♩= 86
주의 사 랑으로살아가리 주의 능 력으로살아 가리 험하
고 힘든길이라 해도 주와 함 께달려나 - 가리 (주의)
비록좁은길이라 도 주와함께걸어가 면
모든욕심물리치 고 열매맺는삶을사 네
주 와 함께 라면 그 어디 라도 좋아
주 와 함께 라면 그 어디 나천국 이네
주의 사 랑이나를강 권해 주의 능 력이나를강 권해
주의 동 역 - 자로우 뚝서 주의 복 음전하며 - 살리

E
남자

57 하늘의 보고를

작사 & 작곡 이순희
♩= 80
E♭ Fm E♭/G A♭ B♭ B♭/D
하 늘의 보 고 를 여는비결은 기 도
5 E♭ Fm E♭/G A♭ B♭ E♭ E♭/G
하 늘의 기 쁨 을 얻는비결은 찬 양
9 A♭ E♭/G B♭ A♭ B♭ A♭ E♭/G
깨달음의 문을 여는비결은 기도 기도라 네
13 A♭ E♭/G B♭ A♭ B♭ B♭/D E♭
하늘의기 쁨을 맛보는비결 찬양 찬양이라 네
17 A♭ B♭ E♭/G Fm A♭ B♭
우 리 모 두 능력기도로 육의생각내려놓 고
21 A♭ B♭ E♭/G A♭ B♭ B♭/D E♭
전 심 으 로 찬양하 - 여 주의마음감동시 켜
25 E♭ Fm E♭/G A♭ B♭ B♭/D
하 나님 예비하 신 축복누리며 살 고
29 E♭ Fm E♭/G A♭ B♭ E♭
날 마다 승리하 여 주님의뜻이 루 세

가릴 수 없는

보라! 행복한 주의 종들을 (김용재)

작사 김용재
작곡 이순희

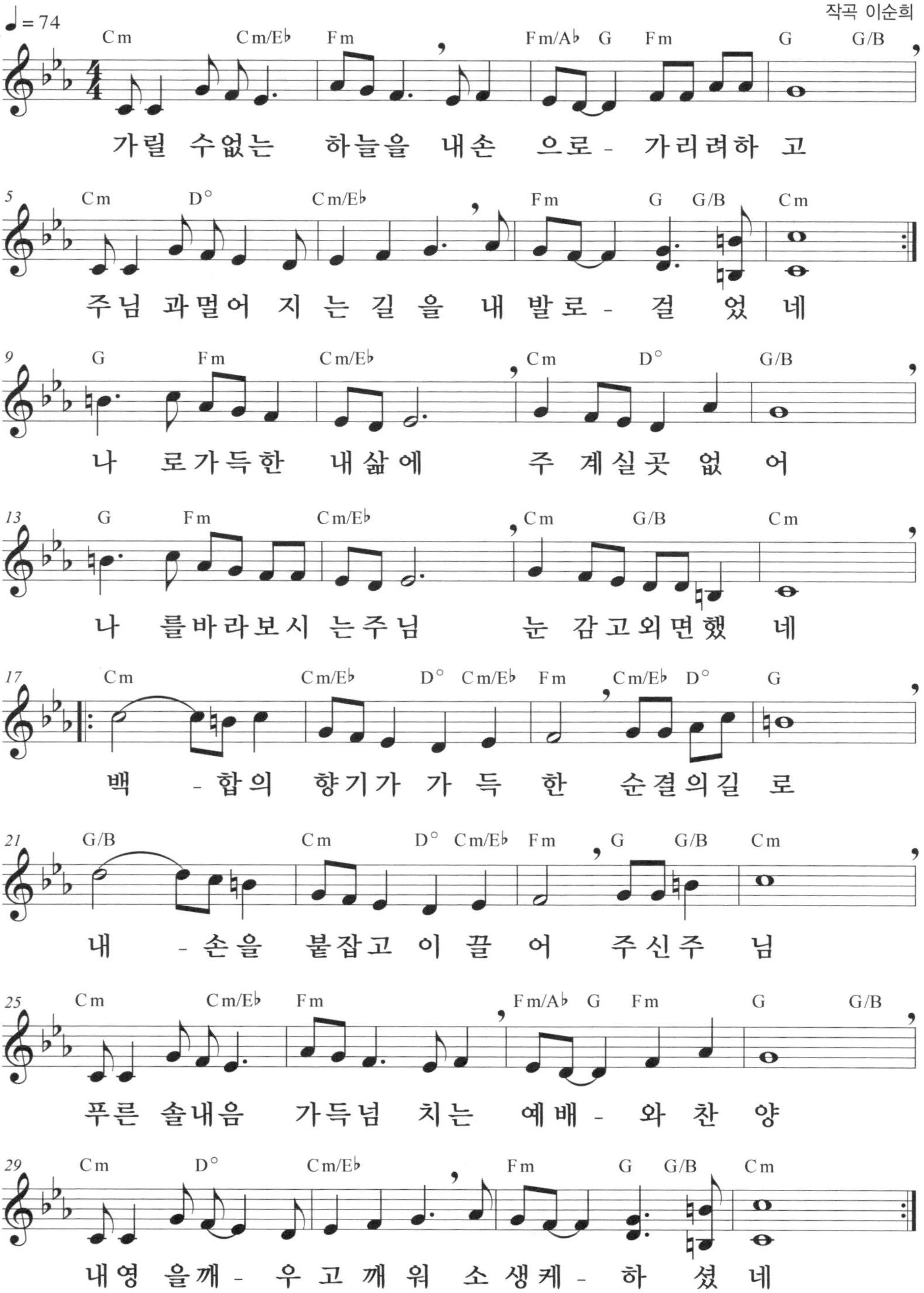

♩= 74

Cm Cm/E♭ Fm Fm/A♭ G Fm G G/B
가릴 수없는 하늘을 내손 으로 - 가리려하 고

Cm D° Cm/E♭ Fm G G/B Cm
주님 과멀어 지 는 길 을 내 발로 - 걸 었 네

G Fm Cm/E♭ Cm D° G/B
나 로가득한 내삶에 주 계실곳 없 어

G Fm Cm/E♭ Cm G/B Cm
나 를바라보시 는주님 눈 감고외면했 네

Cm Cm/E♭ D° Cm/E♭ Fm Cm/E♭ D° G
백 - 합의 향기가 가 득 한 순결의길 로

G/B Cm D° Cm/E♭ Fm G G/B Cm
내 - 손을 붙잡고 이 끌 어 주신주 님

Cm Cm/E♭ Fm Fm/A♭ G Fm G G/B
푸른 솔내음 가득넘 치는 예배 - 와 찬 양

Cm D° Cm/E♭ Fm G G/B Cm
내영 을깨 - 우 고 깨 워 소 생케 - 하 셨 네

E
남자

59 나의 욕심

작사 & 작곡 이순희
♩=80
나 의욕심 끝 이 없지만 참 만 족언지못하 네
온갖수단과 방 법 으로도 내 영 혼채울수없 네
허 전한마음으로 공허한 마음 으 로 낙심하고 쓰러졌을때
내 영 혼 한계 에 부 딪혔 을 때
더 이 상 살아 나갈 힘 이 없 을 때
나의 주님 내마음의문 두드리시며말씀 하시 네
사랑 하는 나의자녀야 내가 너와함께 하 리라
내마음의문 열 어주를모시니 내 욕 심 사 라 졌 네
주님안에서 참 만 족얻었네 참된평강누 리 - 네

내 안에서 역사하는 60

작사 & 작곡 이순희
♩= 90
Cm D° Cm/E♭ Cm D° Cm/E♭ G
내안 에서 역사 하는 미혹 의영 속이 는영
Cm Cm/E♭ Fm G G/B Cm Fm G G/B Cm
거짓 의영 인 어둠 의 영을 분별 하여 몰아 내세
G Cm/E♭ G Cm/E♭ G D° G/B
정신 차리고 믿 음과 사 랑의호심경 붙 이고
G Cm/E♭ G Cm/E♭ G G/B Cm
구 - 원의 - 소 망의 투 구를 쓰 자
Cm D° Cm/E♭ Cm D° Cm/E♭ G
하나 님의 전신 갑주로 무장 하여 어둠 의영
Cm Cm/E♭ Fm G G/B Cm Fm G G/B Cm
물 리치 고 진리 안에서 자유 한삶 살아 가세

E
남자

61 내가 입을 열지 않을 때

시 32:3–5

작사 & 작곡 이순희
♩=76
내가 입을열지않을때 종일신음함으로 내 뼈가쇠하 였도 다
주의 손이주야로 나를 누르시 오니 내 진액빠져여름가뭄 에
마름 같 이되었도 다 내 가이르기 를
내 허물을여호와께 - 자복하리라하고 - 주께 내죄를숨기지아니하였더 니
곧 주께서내죄악을 사하 셨 나이다 - 주는 나의피난처되시네 은신 처
환난 에서날보호하시고 구원의 노래로 날 두르셨 나이 다
나 이제주님앞에 - - 자복하 고회개하여 진리안에자유하 네

말씀은 미숙한 우리를 62

작사 & 작곡 이순희

= 80
말씀은미숙한 우리를온전케하며 선한일에 온전케하시 네
세상의모든시작과 끝알게하시고 우리인생 목적알게하시 네
말씀 의빛을받아 죄를깨닫게하고 회개하게 하시는 주
말씀 의빛을받아 정결 케되고 행복한삶살게하시 네
말씀이 육신되어 오 신 주 나의죄를사해주셨 네
영원한천국보게 하 시 네 우릴천국시민만들어주 네
말씀의인도로 살아가는사람은 참된행복 누리며사 네
세상의모든시작과 끝 알게하시고 기름준비 하게하시 네

63 말씀의 빛이

작사 & 작곡 이순희
♩=90
말 씀의 빛이 비 추어 지면 내안 의죄 가 살아나네
내 속사 람은 하 나님 법을 즐거 워하 지 만
내 지체속에있는 한 다른 법이 내마 음의 법과 싸워
내 지체속에있는 죄의법 으로 나를사로잡는것 보는도다
오 -호라 나는 곤고 한 사람 이 로 다
이 -사망의 몸에 서누 가 나를 건져 내 랴
탄식 하며 주만 의지 할때 주님 내게 자유 주셨 네
거룩한 말씀 성 령의 법이 나를 해방 시켜 주 -셨네
말 씀의 빛이 비 추어 지니 나는 이제 자유 해

상처로 인한 망상

작사 & 작곡 이순희
♩= 90
Cm Fm/A♭ G Fm G G/B
상처 로인한 망 상 은 인생을 뒤엉키게 해
Cm Fm/A♭ G Fm/A♭ G/B Cm
헛된 생각 실없 는생각 망령된생각 망 상
Cm Cm/E♭ G Cm/E♭ G G/B
우 리는 망상 깨뜨리기위해 생각의 출처 분 별 해야해
Cm Cm/E♭ G Cm/E♭ G G/B Cm
우 리는 망상 깨뜨리기위해 듣고있는음성 분 별 해야해
Cm D° Fm Cm/E♭ G Cm/E♭ Fm G
내안에망상이 있음을 인정하고 주보혈의지하 여
Cm D° Fm Cm/E♭ G Cm/E♭ G G/B Cm Cm/G
말씀의지하여 내생각 깨뜨리고 주님께부르짖으 세
Cm Fm/A♭ Cm/E♭ Fm G Fm/A♭ G
우리 모두 헛된 망상 대적하여승리하 - 세
Cm Fm/A♭ G Fm G Cm
망상 에서 깨 어 나서 참된평강누 리 세

65 성령으로 아니하고는

성령

작사 & 작곡 이순희

♩= 100
Cm
D°
Cm/E♭
Ab
G
Fm
성 령으로아니 하고 는 예수 를 주라 시인 할수없네
성 령으로아니 하고 는 죄의 문 제 해결할 방법없네
성 령으로아니 하고는 주가 예비하신축복 받 지 못해
성 령으로아니 하고는 주님 의말씀 깨닫 지 못해
성 -령의 인도받 아 천 국을소유하 네
성 -령의 인도받 아 문 제를해결받 네
성 령으로인도 받 - 아 주 - 님 예비 하신 축복받네
성 령으로인도 받 - 아 하나 님 의 말씀깨닫 게 되네

세상과 벗이 되어

작사 & 작곡 이순희
♩= 74
세 - 상과벗 이 되어 살 아가 던 나
참 - 만족얻 으 려고 집 착했 던 나
많 - 은것을 취 해도 만 족없 던 나
허 - 무함과 절 망이 나 를감 쌌 네
모 든것 - 포 기 하 고 낙 심하고있을 때
인 생의 - 벼 랑 끝 에서 만 나주신나의 주
세 상의헛 된 것 바라보던나 에 게
하 늘의것 위의 것 바라보라하 시 네
나 - 이제해 방됐네 주 의사랑으 로
나 - 이제주 안 에서 참 만족 얻었 네

E 남자

67 수많은 사람들이 보화

작사 & 작곡 이순희

♩= 80

Cm Cm/E♭ Fm G
수 많 은사람들 이 보화를 찾는다 네
Cm Cm/E♭ G Fm G Cm
자기 지식을통 해 사업통해 친구를 통해-찾 고
Cm D° G Fm G Cm
어떤이 는명예와물질을통해 보물을 -찾는다 네 (수)
Cm G/B Cm Fm/A♭ Cm Fm/A♭ Cm G/B
보화를 찾으면 찾을수록 공허 와 고독이 찾아오 네
Cm Fm/A♭ G Fm G G/B
내 인생 최대의발 견 십 자가 발 견
Cm Fm/A♭ G A♭ G/B Cm
날 위해 십자가지 신 주 사랑 발 견
Cm Cm/E♭ Fm G
그사 랑 발견 할 때 참된만 족누 리 네
Cm Cm/E♭ G Fm G Cm
그 놀라운사 랑 깨달을 때 참된행 복찾게되 네

우리가 고난 당할 때

작사 & 작곡 이순희
♩= 76
우 리가 고난 당할 때 피할길을내 시 는
사 랑의 내하 나님 나와함께하 - 시 네
나의모든고집 깨뜨리시려 불같은시 험 허락하시네
나의모든교만 꺾으시려고 인생의벼랑끝에 세우시는주
하나님이 예비 하신축복주시려 나의모든이론을 무너뜨리네
하나님이 예비 하신축복주시려 불같은시험으로 연단하시네
성 령님 내안 에계 셔 착한일을시작하셨 네
고 난이 유익 되어 자유한삶살아가 네

69 위장에 능한 거짓의 아비

영적전쟁

작사 & 작곡 이순희

♩= 90

Cm D° Cm/E♭ Fm D° G

위 장에 능 한 거 짓의아비 사 탄

5 Cm Cm/E♭ Fm Cm/E♭ Fm G Cm

하 와의 과일 도 노 - 아의포도주 도

9 Fm G G/B Cm G/B

게 하시 의 은 과옷 유 다의돈주머니 도

13 Fm G Cm/E♭ G Cm

모 두다 가지고있네 우 리를미혹하려 고

17 Cm D° Cm/E♭ G A♭ G G/B

모든사람입에맞는 떡 모든사람 발에맞는 구 두

21 Cm D° Cm/E♭ Fm G G/B Cm

어둠의영준비하고 있 으 니 위의것을바라보 세

25 Cm D° Cm/E♭ Fm D° G

마 귀의 유 혹 분별하여물리 치 고

29 Cm Cm/E♭ Fm Cm/E♭ Fm G Cm

주만바라 봄으 로 승 리하며살아가 세

죄로 인해 쌓인

작사 & 작곡 이순희
♩=78
죄 로 인 해 쌓 인 내안의 독 은
내 영 혼 에 미움다툼 시기질투키 우 고
성 령으로 인 해 충만한 내 안의기 쁨 은
내 삶을채 우 고 기쁨을 유통하며살아가 네
마 음에 독이가득하 면 독한삶을살 지 만
마 음에 사랑충만하 면 사랑하는삶 살게 되네
이 제 는 마 음 을 깨끗하게하 고
생 각 과 입 술 지 켜 마음천국누 리 네

E
남자

71 하나님이 기뻐하시는 금식

사 58:6-9

작사 & 작곡 이순희

♩= 70
하 나님이 기뻐하시는 금 식 흉악의 결박 풀어주 며
압 제 당하는 자 자유케하 며 모든멍에꺾는것이 네
주 린자에게 양식나 누어주며 유리하는빈민 집에 들이 며
헐 벗은자보면입히 며 도움필요한친척 외면하지않고도와 주 면
네 빛 이새벽같이 비칠것이 며 네 치유가급속할것이 며
네 공의가네앞에행하 고 여호와의 영광이 네뒤에호위 하 리 니
이 웃사랑 실천하 며하는금식 을 주님기 뻐 받으시 네
네가부를때 내가응답하고 네가 부르짖을때 내가여기있다하리 라
응답 받는기 도 십자가사랑 전하여 열 매 맺으 리

허물의 사함을 받고 72

시 32:1-5

작사 & 작곡 이순희

허물 의사함을받 고 자신의죄가 가려진자는 복이있도다
마음 에간사함없 고 여호와께 정죄를당하지않는자 복이있도다
내 가입을 열지아니할 때 에 종일신음 함 으 로
내 뼈가 쇠하 였 도 다 주 의손 이 주 야 로
나를누르시오니 내진액이빠져여름 가뭄에마름같이 되었 나이다
내가이르기를 내 허물을여호와께 자복 하리라하 고
주께 내죄를아뢰 고 내죄악을숨기지 아니하였더니 곧-주께서
내죄 를사하셨나이 다 주-께서 내죄를사하셨나 이 다

E

남자

73 거칠고 험한 인생길

작사 & 작곡 이순희

♪ = 86
F C/E C7 F/A F Gm C/E
거칠 고험한인생길 가는동안 지치 고힘든나 날 들 - 내생
F C/E C7 F/A F/A C 1 F F/C
각 과 내 뜻만을 고 집 하 며 고단 한인생길 걸 었 네 - 거칠
2 F C F/A C F/A B♭ C
네 - 인생 의벼랑끝에서 만나주신 나의 하나님나의주 님 - 모든
C F/A B♭ C B♭ C C/E F F/A
것 내 려 놓으라 말씀하 시 네 주만 바 라보라 하 시 네
F F/A B♭ C F F/A B♭ C
나 이 제 피곤치않 네 나 - 이 제 곤비치않 네
여 호 와 나의주 님 을 경 외 하 며 살아가 리 라
B♭ C B♭ C C/E F C/E F
피 곤 한 자에게 능력주 시 고 무 능 한 자에게 힘을주 시 네
독 수 리 날개쳐 올라감 같 이 걸 어 도 달려도 피곤치않 네

나를 능하게 하신 주 74

딤전 1:12-15

작사 & 작곡 이순희

♩= 80

나를능 하게 하신주 예 - 수 - 그리스 도
미쁘다 모든 사람이 받을만한이말이 여

5 예수그 리스도 우리주께감사함 은 나를충성 되이여 겨
그리스 도예수 께서죄 - 인을구 원 하시려고 세 - 상 에

9 내게직분을 맡기심이니 내가 전에 는 비방 자요
임하셨도다 임하셨도다 죄인 중에 내 가괴 수요

13 박해 자요 폭행 자였 으 나 도리어 긍휼을
그 - 러나 내 - 가긍 휼 을 입 - 은 까닭은

17 입은 것은 내 가 믿지아니 할 때에행함 이 라
예수 께서 내 게 먼저오래 참 으심을보 이 사

21 우 - 리주 의 은혜 가 그리스도예수 안에있 는
후 - 에주 를 믿는 자 에게본이되게 하심이 라

25 믿 - 음과 - 사랑과함께 넘치도록풍성하 였 - 도 다
영 - 원하신 왕 - 썩 - 지 아니하고보이지 아니하 고

29 나를능 하게 - 하신주 예 - 수 그리스 도
홀로하 나이신 하나님 나 - 의 하나님 께

33 우리주 의동역 자 - 되어주의사 랑 전 - 하며 살아가 리
존귀와 영광이 영 - 원무궁하도 록 있을지어 다 - 아 멘

F
남자

75 내 영혼의 곤고함

작사 & 작곡 이순희

♩= 80
F C/E B♭/D C/E F
내영 혼의 곤고 함 무엇 으로 채울 까
F C/E B♭/D C/E F
세상 의그 무엇 도 채우 지못해곤고 해
F Gm F/A B♭ B♭/D F C/E F B♭/D C
내영혼 곤 고 함 오 직 주만 채우시 네
F Gm F/A B♭ F/A Gm C/E F F/A
내영혼 빈 자 리 하나님의 영으로채워지 네
B♭ F/A B♭ F/A C F/A B♭ C F/A
우리 모두 예배우선 말씀우 선 찬양우선의 삶을살 아
B♭ F/A B♭ F/A C B♭/D C/E F
하나 님이 채우시는 참된만 족 기쁨누리 겠 네

믿음의 눈으로

76

작사 & 작곡 이순희
♩= 100
믿음 의 눈으로 세상 을 보 면 이곳도 천국 이 네
내주 예 수를마 음에 모 신 자 그어디나천국 이 네
참된 믿 음으로 이땅 에 서 도 천국을 누리다 가
육신 의 장막집 벗은 후 에 는 영원한 천국에사 네
천 국은 여기있다저기있다 아니라 우리의 마음에있네
천 국은 먹고마시는것아니 요 오직성 령 안에서
의와평강희락 의와평강희락 의와평강희락 이 라
믿음 의 눈으로 세상 을 보 면 이곳도 천국 이 네
내주 예 수를마 음에 모 신 자 그어디나천국 이 네

F
남자

77

성령의 뜨거운 불

전도

작사 & 작곡 이순희
♩= 76
성 령의뜨거운불 성령불 - 나의 모든 문제태워주 시 네
지금도내안에서 역사 하시는 놀 라운성 령의 능 력
성 령이거하시는 성전된 - 나의 몸과 마음거룩하 게 지 켜
주님 을기쁘시게하여 하나 님의 마음 시 원 케 하 네
보혜사성령이 내안에 - 내안에서일하 - 시 면
난모든것을알 게되네 - 성령이알게하 - 시 네
깨닫게 하시네 성 령님 주님의말 씀 을
깨닫게 하시네 성 령님 하나님사 랑 을
성 령님나를강권 하시니 - 나는 주의 복음전하며 사 네
성령의놀라운은혜 함께 하시니 진 리안에 자유 하 네

성령의 불은

작사 & 작곡 이순희
♩= 72
성 령의불은 치료의불 회복의 불 소멸의 불
성 령의불은 열 정을깨우는 불 능력의 불
Fine.
성 령의불이임하 면 모 든죄소멸케되 네
치 료의불이임하 면 모 든병태워지 네
치 료의 불 은 열 정을품게하 네
육 체의 질병 치유하 고 역전의인생살게하 네
치 료의불은 - 입술을태워 찬송하며살게하시 네
치 료의불은 - 상처를태워 진리안에자유케하 네
D.C

79 십자가 지셨네

작사 & 작곡 이순희

♪=90
십 자 가 지 셨 네 물 과 피 쏟 으 시 고
십 자 가 지 셨 네 나 의 죄 사 하 셨 네
나 를 위 해 흘 리 신 그 보 배 로 운 피 가
나 의 죄 를 대 속 해 자 유 케 하 셨 네
나 를 나 보 다 더 사 랑 하 시 는 주
나 의 인 생 길 을 책 임 지 시 는 주

십자가에서

작사 & 작곡 이순희

♩= 100
F C/E Gm C/E
십자 가 에서 피흘 려 주신 그손 못 자국 만져 라
5 F C/E Gm C/E 1 F
힘들 고 지쳐 방황 할 때에 그손 못 자국 만져 라
Fine.
10 2 F F B♭ F F/A C
라 나의 주 나의 주 나를 위 해물 과피 쏟으 셨 네
15 F B♭ F B♭ C F
나의 주 나의 주 나를 위 해십 자가 에 못박 히 셨 네
20 B♭ F/A Gm C/E F C
못 자국 만 져라 못 자국 만 져라
24 B♭ F/A B♭ F/A Gm C F
그손못 자국 그손못 자국 못 자국 만 져 라 (나의)
D.C.

81 예수님의 사랑의 시선이

작사 & 작곡 이순희
♩= 76
F F/A C B♭ C F/A
예 수님의 사랑 의 시선이 나에게 멈 출 때
F F/A C B♭ C C/E F
예 수님의 사랑 의 발걸음이 나에게 멈 출 때
F F/A F C/E B♭/D C
내 안의깨달음 의문열리네 회 개의영부어 주시네
F F/A F Gm C/E F
주 의사랑의빛 나를감싸네 내 영혼참만족 얻었네
F Gm F/A B♭ C
사 랑의 나의 주 능 력의 나의 주
B♭ C C/E F
나 의삶 속에 서 일 하시는나의 주
F F/A C B♭ C C/E F
나의모든질 병을 고쳐주시고 문제해결하 셨 네
F F/A C B♭ C C/E F
날 마다주 님께 발 견 - 되어 승리하기원 하 네

예수님이 흘리신

82

작사 & 작곡 이순희
♩= 100
예수님이흘리신 십자가의피 나의모든상처씻었 네
예 수님 이흘 리신 십 자 가의 피 나를새롭게 하 셨 네
결 코내 겐정 죄함 없 네 성 령의 생 명의 법 이
죄 와사 망의 - 법 에 서 나를해방시켜주셨 네
나 의모든죄 사하신 주 나 의모든상처 씻으신 주
나 를새롭게 변화시킨주 주 님나와함께 하 시 니
나 는이제자유 해 나 는이 제 행 복 해
진 리안에자유 해 오 직 주 만찬 양 해

F
남자

83 우리 모두 고난의

작사 & 작곡 이순희
♩= 86
우 리모 두 고 난의 유 익발견하 고
고 난을 뚫고나 오면 정 금같이되 네
진 리를만난고 난 생 명 이 되 고
은 혜를만난고 난 겸 손 이 되 며
능 력을 만난고 난 지 혜 가 되 네
사 랑을 만난고 난 진리안에자유하 네
고 난속 에 감 추인 축 복발견하 여
하 나님 의뜻 깨 달아 살 기원 - 하 네

우리의 낮아짐은

작사 & 작곡 이순희

♩= 90
F F/A B♭ F/A B♭ C
우 리의 낮아짐 은 하 나님역사의시 작
B♭ F/A C C/E F F/C
우 리의 깨어짐 은 하 - 나님치료의시 작
F Gm F/A B♭ C
우 리 가 고난가운데 겸 손 하 고
F Gm F/A B♭ C C/E F
하 나님의 징계가운데 약 함을인정하 면
F F/A B♭ F/A Gm C/E F F/A
하 나님 의보호 와 하나님의 영으로 채워지 네
B♭ F/A C C/E F
그누구도두렵지않 은 인생으로변화된다 네

F
남자

85 주께 맡기세

작사 & 작곡 이순희

♩= 80
F Gm F/A C C/E F F/C
주 께맡 기 세 주 께맡 기 세
F Gm Cm/E F B♭/D F Gm C/E
주께맡기세 주께맡기세 근심걱정무거운짐 주께맡기세
F Gm C/E F B♭/D C C/E F
주께맡기세 주께맡기세 우리삶의모든문제 주께맡기세
F F/A B♭ C C/E
나의모든 무거운 죄 맡아주신 나의 주
F F/A B♭ C C/E F F/C
나의삶의 주인되 어 나를인도 하시 네
F Gm F B♭/D F C/E
나 - 이제 기뻐하 네 나 - 이제 자유하 네
B♭ F/A C C/E F
주께맡긴 내인 생 진리안에 자유하 네

살아가는 이유 모르고

보라! 행복한 주의 종들을 (이광호)

작사 이광호
작곡 이순희

♩= 76

Dm Gm/B♭ A Dm/F A

살 아 가는이유 모 르고 목적 도없고 소망도없 이

5 Dm Gm/B♭ A Dm A Dm

헛 된 삶을살며 공 허한 삶을 살 아 왔 네

9 Gm Dm/F Gm A A/C♯ Dm

세 상의 것으 로 채 워 보려고 발버둥 쳤지만

13 Gm Dm/F Gm A

채 워지지않았 던 공 허 한 나 의 삶

17 Dm Gm/B♭ A Gm/B♭ A

그 -러나 주님을 만난후 참된 만족 얻었 고

21 Dm Gm Dm/F A A/C♯ Dm

진 -리안 에서 나 자유 케 되 었 네

25 Dm Gm/B♭ A Dm A

나 이제살아가는 이 유를 확실 하게깨 닫게되었 네

29 Dm Gm/B♭ A Dm A Dm

오 직 소망되신 주 님만 찬양 하며영광돌 리 리

F 남자

87 아름답고 신실하신

작사 & 작곡 이순희

♩=60
Dm Gm/B♭ A B♭ A
아 름 답고 신 실 하신 사 랑의 하나 님
5 Dm Gm/B♭ A Dm A7 Dm
온 유 하고 겸 손 하신 능 력의 하나 님
9 Dm Gm/B♭ Gm A Gm A
이 세상의 모 든것을 아름답게만드시 네
13 Gm Gm/B♭ A Dm A/C♯ Dm
거 짓 을 참된것으로 악함을 선한것으 로
17 Dm Gm/B♭ A Dm Dm/F A A/C♯
아 낌 없는 사 랑 으로 끝 없는사랑으 로
21 Dm Gm/B♭ A Dm A Dm
한 량 없이 품 으 시네 십 자가 보혈 로

인생 최대의 발견

작사 & 작곡 이순희
♩= 70
인생 최대의- 발견 위대한발견- 복음의능력 발견합시다 -
자신 에대해 - 절망 절망하면서- 예수로인해소망케하네 - -
Fine.
복음 의 능력 발견 합 시다 복음의능력 발견 해
주님 주신능력으로 육신 의생각깨뜨리고 하늘 의것 바라 보면 서
복음 이 만드는- 자유와기 쁨 - 하늘의 평강누리 며
믿 음으로- 복음의능력 발견하여 - 승리하며살아 갑 시 다
D.C.

F
남자

89 하나님의 통치를

작사 & 작곡 이순희

♩= 82
Dm D m/F Gm A
하나 님의 통치 를 받 는사 람 은
하나 님의 보호 를 받 는성 도 는
Dm D m/F Gm A Dm Dm/F
주님 의품 안에 서 평 안누 리 네
주님 의사 랑으 로 기 쁨누 리 네
A Gm Dm/F Gm A
인 생의 주권 을 하 나님께맡기 세
A Gm Dm/F Gm A A/C♯ Dm
사 랑의 하나 님 나 를보호하시 리
Dm Gm/B♭ Dm/A Gm Gm/B♭ A
거친 풍랑 도 이기게 하시는 나 의하 나 님
Dm Gm/B♭ A Dm A Dm
주님 의품안에 참 된 평안과 기 쁨누 리 네

하나님이 예비하신 90

작사 & 작곡 이순희
♩= 66
Dm Gm/B♭ A Gm A
하 나님 이 예비하 신 가나안땅들어가 세
Dm B♭ A Gm A Dm
하 나님 은 우리에 게 출애굽의은혜허락 하시네
A Gm A Dm A Dm A A/C♯
생 각의출애굽 습 관의출애굽 태 도의출 애 굽
A Gm A Dm A Dm Dm/F A Dm
근 성의출애굽 언 어의출애굽 이 루어주 시 네
Dm Gm/B♭ A Gm A
우 리모 두 출애굽 의 은 - 혜를구 하 며
Dm Gm/B♭ A Gm A Dm
진 리안 에 자유한 삶 행복한삶살아가 - 세

F
남자

91 행복한 인생을 꿈꾸는

작사 & 작곡 이순희

♩= 80
Dm A/E Dm/F Gm A
행복 한 인생 을 꿈 꾸는 수 많은 사람 들
부유 한 인생 을 원하는 수 많은 사람 들
5 Dm A/E Dm/F Gm A Dm Dm/F
행복 찾 아세상을 헤매며 살 아간 다 네
헛된 욕 심찾 - 아 헤매며 살 아간 다 네
10 A Gm/B♭ Dm Dm/F Gm A
그 - 러나 세상 에선 참된행복찾지못 해
그 - 러나 세상 에선 참된만족찾지못 해
14 A B♭ Dm Dm/F A Dm
깨 - 어진 마음 으로 좌절과고통 느끼 네
가 - 난한 마음 으로 결핍과슬픔 느끼 네
18 Dm A/E Dm/F Gm A
오직 성 령의 인도 받 을때 행복한삶 살게되 네
23 Dm A/E Dm/F Gm A Dm
충만 한 성령의능력 임 할 때 부유한삶 시작되 네

가나안 땅 귀한 성

작사 & 작곡 이순희

♩ = 100

G Am D D/F# G

가나안땅 귀 한성 가나안땅 귀 한성

5 G Am G Am D/F# G

들어가겠네 무거운짐벗 어 버 리고 가나안땅

9 Am G/B C D G/B D

죄짐벗고성 결 하고정결한 영 혼으로 거듭나겠 네

13 Am G/B C D G/B D C D G

이땅에헛된 욕심 벗어버리고 하 늘의것 구하며 살아가겠네

17 C G/B D C C/E D/F# G

나 - 들어가 리 수고하고무거운짐 벗어버리고

21 C G/B D C C/E D/F# G

나 - 들어가 리 행복하고즐거운곳 고통없는곳

G
남자

93 가장 부요한 인생

작사 & 작곡 이순희
♩= 74
가장 부요한인 생 사랑의 통치를 받 는삶
가장 행복한인 생 사랑과 능력이 충만한인 생
주 의사랑이 머무는 곳에 회복과 평안임하 고
주 의능력이 충만한 곳에 열정과 기쁨넘치 네
사랑의하나님 주의크신사랑 내게도 부어주소 서
능력의하나님 주의크신능력 내게도 부어주소 서
주님 주신사랑으 로 영적풍요 누리게 하 소 서
주님 주신능력으 로 영혼을 살리며 살게하소 서

꺼지지 않는 불

작사 & 작곡 이순희

♩= 100
G D G C G/B D
꺼 지지않는 불 성 령의불 성 령의 불이라 네
5 G D G C G/B D G G/B
우 리의영혼 의 성 령의불 성령의불붙여야하 네
Fine.
9 C D G/B D D/F♯ G
불 꺼진 성도 는 주를 기쁘시게할수없 네
13 C D G/B D D/F♯ G G/B
불 꺼진 성도 는 주의 축복을 받을수없 네
17 D G/B D G/B D
우리의마음의 제단위 에 성령의불을붙 여
21 D G/B D G
우리의모든욕심 불태우 고 하늘의것바라보 세
D.C

95 나를 향한 하나님의 계획

작사 & 작곡 이순희

♩= 100
G Am D G/B C D
나를 향한 하나 님의 계획하심 깨달을 때
G Am D G/B D G G/B
고난중에도 환난중에도 기뻐하며 살아가 네
C G/B D C D
우 리가 환난 중 에도 - 즐거 워 하나니 환난은 인내를
G/B C D C/E D D/F# G
인내는 연단을 연단은 소망을 이루는줄앎 이 라
G Am D G/B C D
환난 중에 나를 부르라 내가너를 건지리 니
G Am D G/B D G
고난중에도 즐거워하라 내가너를 도우리 라

낙엽은 바람을

96

작사 & 작곡 이순희

♩=74
G G/B C C/E D/F# G
낙 엽은 바람 을 탓하 지 않는다 오
G D/F# G Am C D G
떨어져야할그 때 바람 이분 것일 뿐
G Am G/B C D D/F#
아 무리 세찬바람이 불 어온다해 도
G Am D/F# C/E D G
늘 푸른 잎사귀 는 떨 어지지않 네
G C/E D/F# G G/B C D G/B
우리의내면이 깨끗해지면 심지가견고하여 흔들리지않네
G C/E D/F# G G/B C D G
우리의믿음이 견고히서면 무슨독을마셔도 해를받지않네
G G/B D C C/E G
모 -든것을 합력하 여 선 을이루시는 주
G G/B C D G
내 -인생의 운 전 대 주 께내어드리 네
G G/B C C/E D/F# G
말 씀의빛을받 아 어둠 을물리치 고
G D/F# G Am C D G
정결한영혼으 로 주님 의뜻 이루 세

G
남자

97 내가 여호와를 항상

작사 & 작곡 이순희

내가 여호와 를 항상 내앞에 모심 이 여
그가 나의오른 쪽에계시니 나 는 흔들리지 않 네
주 의사랑의 손길 - 나 를감싸주시 네
주 의따뜻한 음성 - 사랑한다말씀하시 네
주의 큰능력과 펴신 팔로 나를 품에 안아 주시 네 -
따뜻 한주님의 펴신 팔로 나를 감싸 주시 네
주의 팔에 주의 팔에 한없 이넓 고 크신 팔에
권능 의팔에 능력 의팔에 주님 의팔 에안기 세

눈물 없는 곳

98

작사 & 작곡 이순희
♩= 80
눈물없는곳 슬픔없는곳 아픔없는곳 천국
사랑있는곳 행복있는곳 찬양있는곳 천국
육신의 장막 집 벗으면 손으로 짓지 않은집
하나님 지으신 영원한집 우리를 기다리네
눈 물없는 곳 슬픔없는 곳 아 픔 없 는 곳
사 랑넘치 고 행복넘치 고 찬 양 넘치는 곳
그곳 에살리 아름다운곳 영원한천국 에서
그곳 에살리 아름다운곳 아버지집 에 서

G
남자

99 두려워하지 말라

작사 & 작곡 이순희
♩= 100
두려워 하지 말 라 내가너와함께함이 라
너는놀라 지말 라 나는네하나님됨이 라
내가너를 굳세 게 하리라 참으로너를 도와주리라
참으로나의 의 로운오른손으로 너를 붙들리 라
영원하신주의 팔 - 나를잡아주시 네 -
험한세상가운 데 - 길을잃고헤맬 때 -
주의지팡이막 대 기 나를안위하시 네 -
내가어딜가든 지 - 나를지켜주시 네 -

망상에 빠져 100

내적치유

보라! 행복한 주의 종들을 (김현국)

작사 & 작곡 이순희

♩= 70

망상에빠-져 현실과동떨어 진 나 의 삶

헛된 생각에 빠져 방황하며 불안한 나 의 삶

더 이상 나 자신을 믿지못 해 무기력에 빠졌 네

그 러나 나의주 님 은혜의 자리로날인도 하시 고

말 씀의 빛을비 춰 망상의 늪에서건져주 셨 네

나이제하늘의 소망을품-고 부르 심 따 라

잠 재 력을개발 하여 열-정을 품고살 아 가 리

G
남자

101 보배되신 나의 주님을

고후 4:7–9 / 롬 8:34–36

작사 & 작곡 이순희

♩= 70

보 배되신 나 - 의주님을 질그릇에모시 고 -

인생의운전대 내 어드 리 니 - 사방으로

우겨쌈당하여 도 - 쌓이지않 네 -

답 답한 일 을 당 하여 도

낙 심치 않 네 박 해받 아 도

버린바되지않 네 거 꾸 러 뜨 림 을 당하여도

망 하지 않 네 흔 들리지않 네

누 가우리를 그리스도 의 사랑에서 끊으리요

환 난곤고나 박해나기 근 적신위험 칼 - 이랴

이 모든일에 예수의사랑으 로 넉넉히 이 기네

사랑의 주님이

102

작사 & 작곡 이순희
♩ = 80
G D/F# G D/F# G
사랑의 주님이 나와함께하시니
G Am D/F# G G/B
나는두려움없네 결코정죄함없네
D G/B C D G/B D G/B
사랑안-에 두려움없네 하나님주시는마음
D G/B G Am D/F# G G/B
오직능력과 사랑과절제하는 마음이라네
C C/E G D/F# C/E D
그-크신 사랑으로- 끝없는사랑으로
C D G/B D G/B D G
나-를사랑 하신것처럼 나도사랑하며 살아가리
G D/F# G D/F# G
사랑의 주님이 나와함께하시니
G Am D/F# G
나는두려움없네 결코정죄함없네

G
남자

103 성령이 임하시면 놀라운 역사

성령

작사 & 작곡 이순희

♩= 90
성 령 - 이 임하 시면 놀 라운역사일어 나 네
성 령 - 이 임하 시는 곳에 성 결의은혜임하 네
어 둠과거 짓이 떠 나 며 모 든더 러움 이 깨 끗케 되네
성 령이임하시는 곳 에 는 고 통과 질병 떠나가 네
무분 별과 무 질서로 혼탁한 영 혼성 결케 되 네
오직 주만 바라보며 진리안에 자유 케 되 네
성 령 - 이 임하 시면 놀 라운역 사일어 나 네
성 령 - 이 임하 시는 곳에 성 결의은혜임하 네

여호와의 손이 짧아 104

사 59:1-2

작사 & 작곡 이순희
= 80
여 호와의손이 짧아 - 구원하지못하심도 아 니 요
귀 가둔 하 여 듣지못하심 도 아 니 라
오 직 너희의 죄악이 너희와 너희하나님 사이 를 갈라놓았고
너희의 죄가그의 얼굴을 가 려 듣지않으시게함이 라
죄로 인해 하나 님과 막힌담 십자가로무너졌 네
예수 님이 십자 가에 서흘린피 나의죄를사하셨 네
예 수안에있는 자는 - 새 - 로운피조물 - 되 었 네
하 나님 자녀 로 예비하신축 복 받게되 네

G
남자

105 영적전쟁 패배할 때

영적전쟁

작사 & 작곡 이순희

♩= 90
G D/F♯ D G/B Am D/F♯ G G/B
영 적전쟁 패배할때 - 땅에속한삶을사 네
5 D G/B D C D G
은 혜와 감사를잊고 육의것에집착하 네
9 G C/E D G/B C D D/F♯
우리 의영 깨어 날때 주를 볼수 있다 네
13 G C/E D G/B D G
믿음 으로 무장 하여 어둠의영 물리치 고
17 G D/F♯ D G/B Am D/F♯ G G/B
영 적전쟁 승리하 여 거룩한삶살아가 세
21 D G/B D D/F♯ C/E D/F♯ G
감사 하며 충성다하여 주를위해살아가 세

예수 나의 좋은 친구 106

요 15:13-14

작사 & 작곡 이순희

♩= 90
예수 나의 좋은 친구 예수 나의 좋은 친구
사 람이 친구를위하여 자기목숨을 버리 면
이 보다 더큰사랑없나 니 너 희 는
내가 행하 는 대로행하면 곧 나의친구 라
우 리가 말씀 대로 행 하 며 열매맺고살 면
너 희는 내친 구라 주 님 말 씀 하 시 네
주 님이 기뻐하시 - 는 영혼들위해 죽도 록
충 성하며 생명다해살리 라 주를위 해

G
남자

107 예수 안에 있는 자

작사 & 작곡 이순희

♩= 80
G G/B Am C D
예 수안 에있 는자 결 코정 죄함 없네
5 G G/B Am D D D/F♯ G
예 수안 에 있는자 진 리안 에 자유하네
9 G Am D/F♯ G
예 수 안 에있 는 나 에 게
13 G Am D/F♯ G
근 심걱 정 없 네 자 유 해
17 G Am D/F♯ G /B
거 친풍랑에 도 험 한골짜기 도
21 C D D/F♯ G
두 렵지 않 네 절 망치 않 네 -

예수의 흘린 피

108

작사 & 작곡 이순희
♩= 100
G Am G/B C D C D D/F♯
예 수의흘 린 피 험한십자 가 에서쏟 으신 피
5 G Am G/B C D D/F♯ G
예 수의흘 린 피 모든죄를 사하고 생명주셨 네
9 G D/F♯ G Am C D
나 의죄 를 씻어주시네 나 를성결케 하 시 네
13 G G/B C D G
나 를새롭게 하 시 네 영 원토 록 내 할 말
17 G Am G/B C D G
예 수 의 피 예 수 의 피 예 수 의 피 밖 에 없 네
21 G C/A Am G/B C D G
내 죄 사 해 주 시 네 나 를 정 케 하 시 네 나 의 죄 속 하 시 네
내 죄 사 해 주 시 네 나 를 변 화 시 키 네 나 를 새 롭 게 하 네
25 G C/A Am G/B C D G
내 게 평 안 주 시 네 내 게 능 력 주 시 네 영 원 토 록 찬 양 해

G
남자

109 우리는 영적싸움에서

영적전쟁

작사 & 작곡 이순희

♩=74
G D/F# Em D D/F# G
우리 는 영적싸움 에서- 승리 하 는만 큼
는 영적싸움 에서- 패배 하 는만 큼
G Am D/F# G
의와 평 강 희락 을 누- 리 며살아가 네 (우리)
어둠 에 사 로잡 혀 고통 중 에살아가 네
C G/B D G/B Am C C/E D/F# G
어둠에묶인영혼 미움분쟁절망 두려움느끼며 살아가 네
C G/B D G/B Am C C/E D
십자가사랑으로 미움을이기고 십자가소망으로 절망이기고
C G/B D C D G
십자가의화평으 로 분쟁이기 고 십자가의 용 기 로
G Am D/F# C/E G Am D
두 려움 이 기고 십자가의겸손으로 교만이기며
G Am D/F# G C/E D G
십자가의- 지 혜로 무 지 이 기 네
G D/F# Em D G/B
우리 모두 영적싸움 에서- 승리하 여 천 국
G Am D D/F# G
의와 평 강 희락 을 누- 리 며살아가 세

보혈

주 보혈 주 보혈

110

작사 & 작곡 이순희

♩= 80
주 보혈 주 보혈 주보혈에능력있 네
십 자가 십 자가 십 자가 에능 력있 네
그 가 찔 림 은 우 리 의 허 물 때 문 이 라
그 가상 함은 우 리 의 죄 악때 문 이 라
그 가 징계를받음으 로 우리는평화를누 리 고
그 가 채찍에맞음으 로 우리는나음을입 었도 다
예 수 내 주 예 수 나 를 위 하 여
예 수 내 주 예 수 십 자 가 에 못 박 히 셨 네
십 자 가 에서 흘 리 신 피 로 내 모 든 죄 사 해 주 셨 네
나 의 모 든 결 박 푸 셨 네 물 과 피 쏟 으 셨 네

G
남자

111 주님의 보여주신 나의 꿈

작사 & 작곡 이순희

♪ = 86
G Am D/F♯ Am D/F♯ G
주 님 이 보 여 주 신 나 의 꿈 이 루 어 지 네 -
G Am D/F♯ Am D/F♯ G
주 님 과 동 행 하 니 나 의 꿈 이 루 어 지 네 -
G Am G/B C G/B D D/F♯
세 상 사 는 동 안 거 친 풍 랑 에 도 -
G Am G/B Am D/F♯ G
주 가 보 여 주 신 꿈 을 바 라 보 며 -
G Am G/B C D G/B Am D/F♯
믿음으로 달려나가 니 앞길환 하 게 보 이 네 -
G Am G/B C D D/F♯ G
주님나 와 동행하 시 니 내 꿈 이 루 어 지 네 -

진리를 알지니 112

요 8:32

작사 & 작곡 이순희

♩= 90
진 리 를 알 지 니 - 진리가 너희를 자유케하리라
주는영이시니 주 의 영 이 - 계 신 곳에 자 유 함 있 네
하나님의영은 묶는영아니요 푸 는영 이 라 네
우 - 리모 두 치료의 하나님이공급하 시 는
무 - 한한 능력 - 무 한한 지 혜 - 무 한한 사 랑 누 릴 때
우리의인생은 한 계 없 는 - 자 유를 누 리 게 되 네
모든상황속에 자유를누 리며 행 복한 삶 을사 네

G
남자

113 참된 평안을

작사 & 작곡 이순희

♩=76
G D/F♯ Em G/D Am D/F♯
참된평안을 얻기위하여 - 오직주만 바라 보리라
5 G D/F♯ C/E G/D Am C D
세상의모든것 - 다가진다해도 - 참된평강누릴수없 네
9 C Am G D/F♯ C/E D/F♯ G
우리안에있 는 영혼의빈자리 - 오직주만채울수있 네
13 G Am G/B D G/B D D/F♯
사랑 - 내사랑 주님이여 나의 영 혼채워주소 서
17 G Am G/B D D/F♯ G
사랑 - 내사랑 주님이여 성령 으 로채워주소 서
21 G D/F♯ Em G/D Am C D D/F♯
나의인생길 - 가는동안에 - 오직주만 바라 보리라
25 G D/F♯ C/E G/D Am D G
내영혼만족케 채워주시 - 는 - 참된평강누릴수없 네

큰 집에는 금 그릇과 114

딤후 2:20-21

작사 & 작곡 이순희

♩= 90
큰집에는 - 금그릇과 - 은그릇뿐아 니 라
나무그릇 - 질그릇도 있어 귀하게 쓰는것도 있 고
천하게 쓰는것도 있 나니 누 구 든 지
이러 한것 에 서 자기를 깨 끗하게하 면
귀 - 히쓰는 그릇되 어 주인쓰심에합당하 며
모 - 든선한 일 에 준비함이되 리 라
어둠에서 - 빛 으로 - 사망에서생명으 로
변화되어 - 빛 을발 하며 주신사명감당하며 살 리

G
남자

115 하나님의 영으로

작사 & 작곡 이순희

♩= 100
G Am C D D/F♯
하나 님의 영으 로 충 만해 질 때
G Am D/F♯ G
우리 는승 리의 삶 행 복한삶산다 네
G C/E D G/B D D/F♯ G G/B
힘 으로되지않는 것 하나님의 영으 로된 다 네
C D G/B Am D/F♯ G
육 신의소욕버리 고 영의소욕 따라 살아 가 세
G Am G/B Am C D D/F♯
그리 스도의 십자 가가 우릴 구원 하셨 네
G Am G/B D C D G G/D
참된 자유를 누릴 수있게 성령으로인도하시 네
G Am C D D/F♯
하나 님의 영으 로 충 만해 질 때
G Am D/F♯ G
우리 는승 리의 삶 행 복한삶산다 네

하나님이여 나를 도우사 116

작사 & 작곡 이순희
하 나님이여 나를도우사 내 속에정한마음 창조하시고
내 안에 정직한영을 새 롭게하여주소 서
나를 정케 하소 서 십자 가의 보혈 로
내죄 사해 주소 서 십자 가의능력으 로
나 를 위 해 십 자 가 에 못 박 히 신 - 예 수 님
모 진 고 난 당 하 시 고 물 과 피 를 - 쏟 으 신 주
그 보혈의 피 로 날 정결케 하 시 네
십 자 가 의 - 능 력 으 로 날 새 롭 게 하 시 네

G
남자

117 하나님이여 나를 살피사

내적치유

시 139:23-24

작사 & 작곡 이순희

하나 님이 여 나를살피사 내마 음을 아시 고
나를 시험 하사 내 뜻 을 아 옵 소 서
내 게무 슨 악한행위가 있 나보 시 고
나 를생명의길 영원한길로 인 도하 소 서
내속 에정한마음 창조하시고 내안 에정 직한 영
새롭 게하 소서 나 의 주 하 나님 이 여

임재

내 주의 성령님 118

작사 & 작곡 이순희
♩= 80
A E/G♯ F♯m D Bm E/G♯
내 주의 성령님 내게 임하소서
A E/G♯ F♯m D E E/G♯ A
내 주의 성령님 나를 인도하소서
A E/G♯ Bm D E E/G♯
나의 모든 죄와 허물 깨끗하게 씻어주소서
A E/G♯ A E/G♯ A
하나님만 의지하니 홀로 영광받아주소서

임재

우리 주의 성령 119

작사 & 작곡 이순희
♩= 80
A D Bm E/G♯
우리주의성령 이자리에임하소서
A D Bm E/G♯ A
우릴변화시켜 새사람 되게하소서
A E/G♯ D/F♯ E E/G♯
주님의뜻 이루며 살아가게하소서
A E/G♯ D/F♯ E E/G♯ A
빛과소금 되어서 열매맺게하소서

A — 남자

120 너는 모든 일에 신중하여

딤후 4:5-8

작사 & 작곡 이순희

= 80
A Bm A/C# D Bm E/G#
너는 모든 일 에 신중하 여 고난을 받으 며
5
A Bm A/C# E A E/G# A A/C#
전도 자의 일을 하 며 네 직무를 다하 라
9
Bm D A/C# E A/C# D E
전제와같이 내가벌써부어지고 나의떠날시각이 가까이 왔도다
13
Bm E/G# A E/G# A E A
나는선한싸움 싸우고 달려갈길 마치고 믿음지켰 으니
17
D E E/G# A D/F# A D E
이 제후 로 는 의의면류 관이예비되었으므 로
21
D E E/G# A A/C# D E
주 곧의로우 신 재 판장 이
25
A Bm A/C# D Bm E/G#
그날 에내 게 주 실 것 - 이 며 내게만 아니 라
29
A Bm A/C# E A E/G# A
주의 나타 나 심 을 사모하는모든자에 게 니 라

너희는 여호와의

시 34:8-10

작사 & 작곡 이순희

♩= 80
너희 는여호와의 선하 심을 맛 보아알지어 다
너희 는여호와의 선하 심을 맛 보아알지어 다
너 희성도 들 아 여호 와를경외하 라
그 를경외하는 자 부족 함이없 도 다
젊은사자는궁핍 하여주릴지라도 여호와를찾는자 는
모든좋은것에부족 함이없으리로다 부족함이없으리 라
여호 와의선하심 을맛 보아 행복한삶살아가 세
여호 와의선하심 을맛 보아 진리안에자유하 세

122 똑똑똑 똑똑똑 예수님

작사 김지원
작곡 이순희

♩= 90
똑똑똑 똑똑똑 예수님 나에게로 오셨네 문밖에서 두드리시네
똑똑똑 똑똑똑 예수님 나와함께 하시려 문을열라 말씀하시네
열까말까 열까말까 망설이는내 마 음
열까말까 조금만더조금만더 이따열고 싶은 데
내맘대로살고싶은 데 자꾸자꾸두드리시 네
아픈마음두드리시 네 사랑한다말씀하시 네
똑똑똑 똑똑똑 예수님 나와함께 하시려 내가문을 열게하시네
똑똑똑 똑똑똑 예수님 나와함께 하시려 천국으로 인도하시네

감사

모든 상황 속에서 역전승을 123

작사 & 작곡 이순희
♩= 80
모든 상황 속에서 역전 승 을 가져오는감 사
가난 을감사로받으 면 영적 인 부 요를 얻게되 고
실 패를감사로받으 면 영적 인 능력을 받게되 고
고 난을감사로받으 면 고난 의 유익을 얻게되 네
모 든것을 - 합 력하여 - 선 을이루시는 주
어 떤상황 - 속 에서도 - 감사하라말씀하시 네
감사 할때 주님 은 더큰 감 사 의 - 조건주시 네
범사 에감사하라하 신 주님 의 말씀따라감 사하 세

A
남자

124 살아있는 하나님 말씀

딤후 3:16

작사 & 작곡 이순희

♩= 90
A A/C# E A D E
살아 있는 하나 님 말씀 나 의심령골수 쪼 개 네
A A/C# E A D/F# E E/G# A
살아 있는 하나 님 말씀 나 의모든삶 변화시키네
D E A E/G# A Bm E
모 든성 경 은 하나님의 감동으로된 것이 니
D E A E/G# A Bm D E A
교 훈과 책망 과 바르게함 과 의로교육하기 에 유익하니
A E/G# A E/G#
이는 하나 님의 사람으로 온 전하게하 - 여
A E/G# A E/G# D/F# E A
선한 일을 행할 능력갖추게 하 려함이니 - 라

보혈

십자가에서 흘리신

작사 & 작곡 이순희

A
E/G♯
A
E/G♯
십 자 가 에 서 흘 리 신 주 보 혈
4
A
E/G♯
A
E
A
내 죄 씻 었 네 나 를 변 화 시 켰 네
8
A
Bm
D
E
A
D
E
E/G♯
나를새롭게변화 시킨예수님 주보혈능력으로 지켜주시네
12
A
Bm
D
E
A
D
E
E/G♯
A
끝없는주의사랑 인도하시네 주보혈능 - 력은 한계가없네
16
A
A/C♯
D
E
E/G♯
A
주 보혈 주 보혈 능 력있 도 다
20
A
A/C♯
D
E
A
주 보혈 주 보혈 새 롭게 하 네

A
남자

126 업 앤 다운

작사 배지희
작곡 이순희

♩= 100
업 앤 - 다운 업앤 - 다운 내마 음갈대같이 업앤다운
업 앤 - 다운 업앤 - 다운 내생 각파도같이 업앤다운
좀 전까지 좋았 는데 갑 자기우울하고 곤고하네
방 금까지 잘하 다가 갑 자기 곤두박 질
왜 이러는거야 나도몰라 내마음 나도몰 라
답 답 - 해서더 힘이들어 나어떻게 해야하 나
사 랑의 내하 나님 흔들리지말라하시 네
두 려워 하지 말고 주만바라보라하시 네
주 는 - 나의 반석이시요 나의요새나의산성 이 - 시니
요 동치않고 주만의지하여 영원하신말씀위에 굳게서리

위대한 힘

작사 & 작곡 이순희

♩= 100
위 대한힘 위 대한힘 예배 에위대한 힘이있네
예배가운데 선포되는말씀 우리 의심령골수 쪼 - 개고
예배중에부르는 찬송은 우리 영을깨워삶의활력 더 하 네
예 배속 에 부어지는성령 삶 에서 열매 맺게하네
우 리모 두 참된예배하여 자 아를무너뜨리 고
예 수의빛 예 수의빛 빛을발하는삶 살기원해
예 수닮는삶 열 매맺는삶 축복 의통로되길 원 - 하네

128 주께 영광

입례

작사 & 작곡 이순희

♩=90
A E/G# D/F# E D A/C# D E E/G# A
주께영광 주께영광 나를위해십자가지신 주께영광
A E/G# D/F# E D/F# A/C# D E E/G# A
주께영광 주께영광 나를위해보혈흘리신 주께영광
A E/G# A D/F# E/G#
우 릴구원하 신 주 께영광돌리 세
A E/G# F#m A D E A
모 든영 광 주 님 께 돌 려드 리 세

129 주님의 성령

임재

작사 & 작곡 이순희

♩=80
A Bm E/G# D/F# E E/G#
주 님 의성 령 내 게임하소 서
A Bm E/G# D/F# E/G# A
주 님 의성 령 나 를도우소 서
A E/G# D/F# E E/G#
하 늘보다높 고 바다보다깊은사 랑
A E/G# D/F# E/G# A
내 게허락하소 서 그사랑 전하게 하 소 서

주님 주신 열정 130

작사 & 작곡 이순희

♩= 100

A E/G# A E/G# D/F# E/G# A

주님 주신열정 성령의열정으로 담대하게뜨겁게 살아가네

5 A E/G# A E/G# D/F# E E/G# A

육의 열정-은 고갈을만들지만 영의열정충만을 누리게하네

9 D A/C# E D A/C# E A

육의 열정 우리를 어둠으로 인도하지만

13 D A/C# E D A/C# E A

영의 열정 우리를 빛으로인도하네

17 E D E A/C# E D A/C#

우리모두 주님주신 열정 소유하여 열정적인 태도로

21 E D E A/C# E D E E/G# A

모든어둠 물리치고 사명 감당하여 천국을 소유하세

25 A E/G# A E/G# D/F# E/G# A

주님 주신열정 성령의열정으로 담대하게뜨겁게 살아가네

29 A E/G# A E/G# D/F# E E/G# A

육의 열정-은 고갈을만들지만 영의열정충만을 누리게하네

A
남자

131 주님의 사랑 아니면

작사 & 작곡 이순희
♩= 90
주 님의사랑아니 면 십자가의능력아니 면
세상속에함몰되어 서 죄의길로달려갈죄 인
나를건져주시려 고 나를구원하시려 고
모진고난허락하 여 나를건져주 신 주
내 가고난 - 당 하기전 - 세상풍조 따랐지 만
내가고난 - 당한후에 - 주의말씀 지키 네
고 난이유익이 - 라 고난통해주님만났 네
고난으로인 - 하 - 여 주의율례배우게됐 네

주를 위한 삶

작사 & 작곡 이순희

♩= 80

주 를위 한삶 산다했지만 이 제와돌아보 니

내 의에 도취한 헌신봉사로 향 방없이살았 네

분 별 못해 열매없이 분주 한삶 - 살던나에 게

찾 아 오신 내하나님 내게 은혜 베풀어주시 네

나 - 이제 깨달았 네 자복하고회개하 네

사 - 랑의 나의주 님 의의길로인도하시 네

내 의로 하는 헌 신과 충성 공적불타없어지 네

불 타지 않는 예 수터 위에 모든헌신쌓아놓 네

깨 닫고 보니 주의사랑이 나 를기다리셨 네

감 사의 눈물 흘러넘치네 나 의뺨을적시 네

A
남자

133 하나님은 성결한 영혼에

작사 & 작곡 이순희

♩= 80
A E/G♯ D/F♯ E D E E/G♯
하나 님은 성결 한영혼에 성 령을부으시 고
A E/G♯ D/F♯ E D A/C♯ E/G♯ A A/C♯
거룩 한자 거룩 한영혼통해 하 나님일을이루 시 네
D E A/C♯ D A/C♯ D E E/G♯ A
우 -리모 두 성 결한 생각과 마음과 입술겸비하여
D E A/C♯ A/F♯ D A/C♯ D E E/G♯ A
하 -나님 의 동역자되 어 열매맺는삶 살아가세
A E/G♯ D/F♯ E D E E/G♯
하나 님은 깨끗 한심령위 에 기름부으시 고
A E/G♯ D/F♯ E D A/C♯ E/G♯ A
성령 으로 충만 한영혼통해 주 님의일을행하 시네

하나님의 임재 안에 134

작사 & 작곡 이순희
♩= 100
하 나님의 임재 안에 거하 는성 도 는
하 나님의 뜻을 알아 주뜻대로살아가 네
하 나님의 임재 안에 거 하는 성도 는
하 나님앞에 사람 앞에 부 끄러움없는 삶 사 네
성령충만 능력충만 말씀충만 소망충만
사랑충만 평안충만 행복충만한삶 살아가 네
하 나님과 동행 하며 형 통한 삶 살아가 네

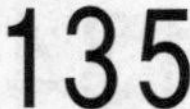

겉사람은 낡아지나

작사 & 작곡 이순희

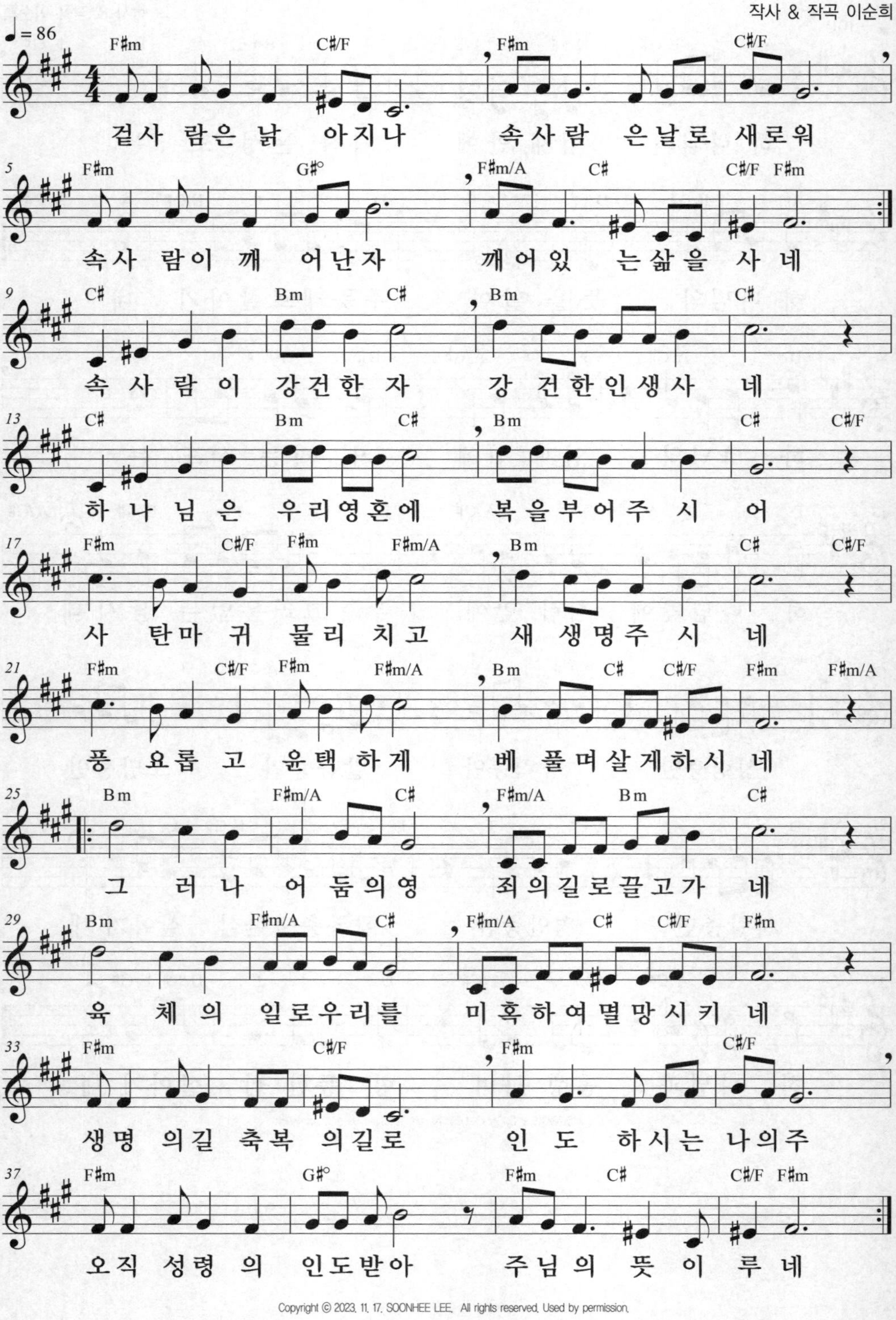

♩= 86

겉사 람은 낡 아지나 속사람 은날로 새로워

속사 람이 깨 어난자 깨어있 는삶을 사 네

속 사 람 이 강 건 한 자 강 건 한 인 생 사 네

하 나 님 은 우 리 영 혼 에 복 을 부 어 주 시 어

사 탄 마 귀 물 리 치 고 새 생 명 주 시 네

풍 요 롭 고 윤 택 하 게 베 풀 며 살 게 하 시 네

그 러 나 어 둠 의 영 죄 의 길 로 끌 고 가 네

육 체 의 일 로 우 리 를 미 혹 하 여 멸 망 시 키 네

생명 의길 축복 의길로 인 도 하시는 나의주

오직 성령 의 인도받아 주님의 뜻 이 루 네

깊은 열등감의

작사 & 작곡 이순희
♩= 80
깊 은열등감의 늪에빠 져 교 만했 던 나
강 한이기 심 에 빠 져 오 만했 던 나
깨 닫지못해 - 같은죄를반복하 며 무지했던 나
어 둠의영에속아 분별하지못하 여 고통 받던 나
내 인생 고 통은 커 져 만 가 고
외로 움과 씨름 하며 눈 물 흘 리 네
그 -러나 사랑의 주 깨 닫게하여주시 네
십 -자가 사랑으 로 나 를 변화시키 네
이 제나는더이 상 죄 에 매 이지 않 네
주 의사랑 을 본 받 아 사 명감당하 리

A
남자

137 깊은 우울과 절망

내적치유

작사 & 작곡 이순희
♩= 76
깊 은우 울 과 절망속에 - 방 황 하 던 나
기 쁨과 행복 이 무엇인지 - 모르고 살아왔 네
숨도쉬지 못할것 같은고통속에서 나의영혼 병들어 갈 때 에
사랑의하나님나의 영혼에찾아오셔서 따스한손길로어루만지시네
내 - 영혼 이제는 주님의 사랑으로충만하 여
기 - 쁨의 탄성과 행복의 노래를 부른다 네
나 는더 이 상 절망치않네 방 황 치 않 네
예 수안 에서 참 된 - 만족 - 누리며 살아가 네

내적치유

내 영혼에 닥쳐온

작사 & 작곡 이순희

♩= 80
F#m F#m/A Bm7 C# F#m/A C#
내 -영혼에 닥쳐온 수 많은 문제 들
Bm F#m/A C# Bm C# C#/F F#m
내 -힘으로 풀수없지만 주 님은 하시 네
Fine.
F#m F#m/A Bm C#
내 -인생의 운전대 주님 께맡 기 고
Bm F#m/A C# F#m/A C# C#/F F#m F#m/A
성 -령의 인도받을때 주님 해결 하 시 네
Bm Bm/D C# F#m/A Bm C#
문 -제가문 제 아니요 해결할능력 없는 것이문제네
Bm F#m/A F#m C#/F F#m
모 -든문제 해 결자되시는- 나의주님 께맡기 네
D.C

A
남자

139 내 힘과 생각으로

작사 & 작곡 이순희
♩= 76
내 힘과 생각 으로 통제할수 없는모습에좌절 하 며
우 울과 열등 감에 외로움과 고 -독에신음하는 내 영혼
내 -면의 고통으 로 울 부짖 으 며
괴 -로움과 외로움 에 몸 부림 치 네
그 때나 의주 내게 치료 -의 손 -길로임 하- 시 네
내 안의 깊은 병 -치료하시고 영 혼육의자유함 - 허락하셨네

너무나 오랜 세월들

140

보라! 행복한 주의 종들을 (서민주)

작사 & 작곡 이순희

♩= 80

너무나오랜 세월 들 익숙했던주님이지 만

5 주님을- 알지못해 내안에- 갇혀있던 수많은-세 월 들

9 기쁨없이 -허무하고 평강없이 -우울하 고

13 사랑없이 -차가웠 고 교만하고 복잡했던 나

17 전 쟁같은- 내 면의 고 통때 문 에

21 나 만을 바 라 보며 만 족없 던 나

25 그러나주님내영혼 깨우시네 내영혼새롭게하시 네

29 이제는주의 은혜 로 새로운삶살아가- 네

33 잃어버린 사명찾고 기쁨으로 주 님께 달-려- 나 가 리

A 남자

141 믿음의 사람은

작사 & 작곡 이순희
믿음 의 사람은 불가 능한 상황속에서 창조 적인역사를 보고 -
소망 의 사람은 메마 른황 무지 를 옥토로바꾸실하 나님의
능력 을 바라보네 믿음 의사람은 모든문제해 결받 네
열정적인 사람 은 유한 한인생중에 도
무한한 성령 의 능력 을사모하 고
성 결한 사람 은 탐욕의 땅에 발을딛고 있어도
천 국을 바라 보 는 삶을살아 가 네
우리 는 믿음과 소망 으로 살아가면서 창조 적인역사를 이루어
메마 른 황무지에서도 옥토 가되 어 열매맺는삶 을살 리

사람들은 저마다 142

작사 & 작곡 이순희

♩= 76
사람 들은 저마 다 고난 의터널을 지나네
하나 님은 우리에 게 고난 을허 락 하시네
하 나님의성품 으 로 변 화되기원하 시 네
하 나님의사랑 으 로 사 랑하기원하 시 네
우리 는고난을통 해 자아 를내 려놓 고
문제 해결의능 력 성장 의 기회를얻 네
고난 속에 담겨 진 하나 님의뜻발 견하네
고난 이유 익-되 는 복된 삶으로변 화되네

A
남자

143 선한 목자 나의 주

작사 & 작곡 이순희
♩= 76
선 한목자나의 주 예 수그리스 - 도
예 수의양 된 우리는 예 수의음성듣 네
예수의자녀인 우 리 는 예수를따라가 네
예수의음성을 따 를 때 성령의불 임하 네
예수의 음성따를 때 하늘소망 사랑 임하네
선한목자 - 나의주 주만따르게 하소 서
예 수님과소통 하여 참 만족 누리 네
예 수님 과 교제하 - 여 마 음천국누리 네

성인아이 쉽게 상처받고 144

작사 & 작곡 이순희
♩= 86
F♯m C♯/F Bm/D C♯7 F♯m/A Bm7 C♯ C♯/F
성인 아이 쉽게 상처받고 외로워
F♯m Bm/D C♯ C♯/F F♯m F♯m/A
외톨 이의 삶을 자 처해 고 독 해
C♯ C♯/F F♯m F♯m/A Bm C♯
습관 적 인 거짓말 로 자 신을숨 기 는
Bm F♯m/A C♯ C♯/F F♯m F♯m/A
어린 아 이 같은성 인 성인어린 아 이
Bm F♯m/A Bm C♯
여 러가 지 문 제와 상 처로-인 해
내 면의 어 린 아이 치 유받기위 해
Bm F♯m/A G♯° C♯/F F♯m
성 인이 되 었-지만 영 혼은어린아 이
어 린아 이 같은 모습 인 정 해야만하 네
F♯m C♯/F Bm/D C♯7 F♯m/A Bm7 C♯
치료 의주 나 의 하나님께 구 하 세
F♯m Bm/D C♯ C♯/F F♯m
온전 하게 치유의 빛 비춰 주 시 네

A
남자

145 승리의 길 형통의 길

작사 & 작곡 이순희

♩= 76
F#m
D
C#
C#/F
승 리의길 - 형 통 의 길 믿 음의 길 은
5
F#m/A
성 령님이 - 조 명 하 신 말 씀 지 키 는 길
9
Bm
Bm7
말 - 씀에 는 선을행할능력있 네
13
말 - 씀에 는 치 료의 능 력있 네
17
살 아계신 - 하 나 님의 말 씀 행 하 여
21
치 료받고 - 능 력 받 아 형 통 한 삶 살 아 가 세

영적 무감각에 빠져

작사 & 작곡 이순희

♩= 76
F♯m C♯/F F♯m C♯/F
영 적무감 각 에 빠 져 병 든영 혼 은
5
F♯m G♯° F♯m/A Bm C♯ C♯/F F♯m F♯m/A
하 나님이베풀 어 주 신 변 화누리지못 해
9
Bm F♯m/A C♯ C♯/F F♯m
우리 는 마음 을 치료받아 태도 의변화 생각의변화
13
Bm F♯m/A C♯ F♯m/A Bm7 C♯ C♯/F F♯m
행실 의변화 인격 의변화 이루어 행복한삶 살기 원하네
17
F♯m C♯/F F♯m C♯
우 리모두마음 치료받 고 건 강한영혼으 로
21
F♯m F♯m/A Bm C♯ C♯/F F♯m
잠 재력이발견 되 - 어 사 명감당하겠 네

147 영적전쟁에서

영적전쟁

작사 & 작곡 이순희

♩= 76
F#m Bm F#m/A C# C#/F F#m
영적전쟁에서 가 장 필요한능력 분 별의능력이라 네
F#m Bm F#m C# F#m F#m/A
진리와비진리 선 과 악을분별하 는분별의능 력
C# C#/F F#m Bm C#
하나님의영 과 어둠의영을 분 별한 다 네
C# F#m/A Bm C# F#m Bm C#
성 령의 표적 깨닫고 어둠의 죄악 멸한 다 네
Bm F#m/A Bm C# F#m Bm C#
십 자가 의 능력 으로 모든죄악소멸하 고
Bm F#m/A Bm C# F#m C# F#m
영 적전 쟁 승리 하여 사명감당하 겠 네

영혼이 병든 사람은 148

작사 & 작곡 이순희
♩= 80
영 혼이 병든 사 람 은 영 적질서를 따르지않고
하 나님 보다 높아지고자 하는 교 만을따 르 네
병든영혼은 병든마음 병든생각 병든입술
병든인격 으 로 고통스 런 인생살게한다 네
그 러나 우리를 뜨겁게 사랑하신 하나 님
십 자가 로 죄의세력멸하시 고 우릴치료 하 셨 네
우 리모 두 - 예 수 의 십 자가 - 를 붙 들 - 고
영 혼육 전 인 치유받 - 아 강건 함 을 - 얻기원하 네

A
남자

149 우울감을 안고 사는

작사 & 작곡 이순희
♩= 80
우 울감 을 안 고사는 수 많은 사람 들
무 기력 과 게으름으로 생 명력상실하 고
무 지함 과 무분별 로 방 향을상실했 네
길 을잃은사람 들 갈길몰라 고통중에몸부림치 네
길이요 진리요 생명되신 주를따를때 인생길 보이네
길이요 진리요 생명되신 주를 따를때 형통한 삶사네
진 리의 길 생 명의길 사 랑의 나의 주
진 리를따를때 천국향 한 여 정시작된다 네

인생 역전의 은혜 150

작사 & 작곡 이순희

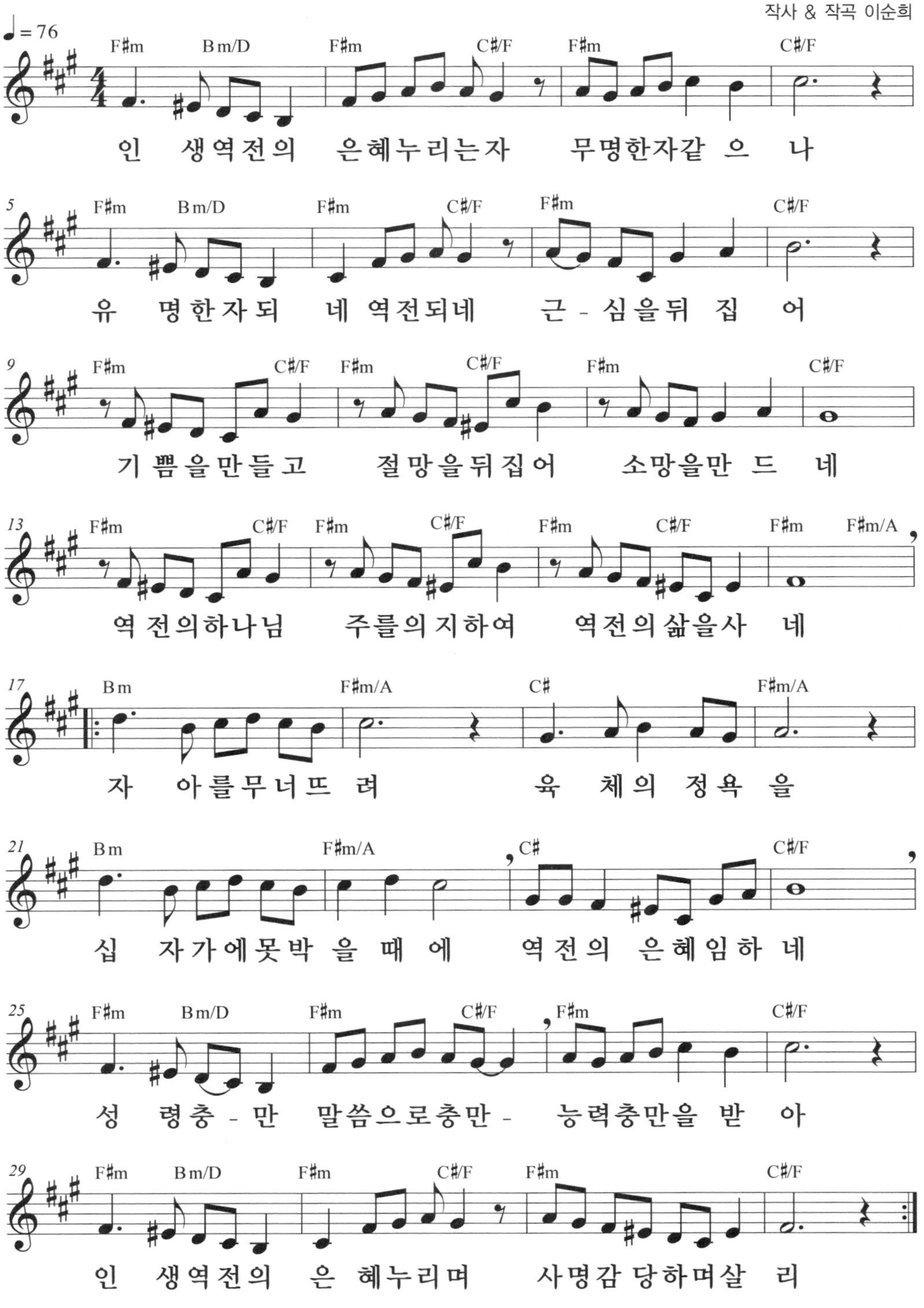

♩= 76

인 생역전의 은혜누리는자 무명한자같 으 나

유 명한자되 네 역전되네 근 - 심을뒤 집 어

기 쁨을만들고 절망을뒤집어 소망을만 드 네

역 전의하나님 주를의지하여 역전의삶을사 네

자 아를무너뜨 려 육 체의 정욕 을

십 자가에못박 을 때 에 역전의 은혜임하 네

성 령충 - 만 말씀으로충만 - 능력충만을 받 아

인 생역전의 은 혜누리며 사명감 당하며살 리

A
남자

151 인생의 뿌리를 치료받을 때

작사 & 작곡 이순희

♩= 76
F♯m C♯/F G♯° C♯/F
인 생의 - 뿌 리를 치 료받 을 때
속 사람 이 성 숙한 사 람에 게 는
F♯m C♯/F F♯m C♯/F Bm/D C♯/F F♯m F♯m/A
병 든나의 속 사람을 치 료받게되 네
그 리스도 향 - 기가 나 타난 - 다 네
Bm F♯m/A Bm F♯m/A F♯m F♯m/A C♯
뿌리가병들면 - 선한열매가 맺히다시들어지 네
그리스도의향기 나 - 타내어 주님의뜻 - 이루 리
Bm F♯m/A Bm F♯m/A F♯m C♯/F F♯m
마음이아름다운 성도에게는 성령의열매가득 해
그리스도의향기 나타내 - 어 성령의열매맺으 리
F♯m C♯/F G♯° C♯/F
사랑 희락 화 평 인내 자 비와 양 선
F♯m C♯/F F♯m C♯/F Bm/D C♯/F F♯m
충 성온유 절 - 제의 열 매맺 - 으 리

나 주를 만난 후에

152

작사 & 작곡 이순희

♩= 80
나 주를만난 후 에 걱 정근심없어 졌 네
나 주를만난 후 에 천 국의기쁨누 리 네 나 네
세 상에매여살 던 나 정욕 따 라살아가던 나
땅의 것만바라봤 던 나 위의 것 을바라 보 네
하 늘을 보 - 네 나 의주 님 을
새 롭게 되었 네 주 를만 난후 에

B
남자

153 나의 자아 깨뜨려

작사 & 작곡 이순희
♩= 80
나의 자아 깨뜨려- 그 리 스도의향기발하 리
진리 는 자아의- 깨 어 짐으로나타나 네
Fine.
모든죄 의 뿌리제거 하 고 새로 워 지 네 새로워지네
마음 과 영으로 열매 맺는삶- 우릴 구원하실절대적진 리
예수그리 스도 만 의 지 하는 축복의 삶
예수그리 스도 만 의 지 하는 축복의 삶
자 아깨 뜨 려 향 기발 하 리
주 만의지하 여 자 유케 되 리
D.C

명절 끝날 큰 날에

요 7:37–38

작사 & 작곡 이순희

♩= 80
명 절끝날 큰 날 에 예수님이 말씀 하 시 네
명 절끝날 큰 날 에 예수님이 서서 말씀하시네
누구든 지 목마른자는 내 게로와 서 마 시 라
나를믿 는 믿는자 - 는 성 경의이름과 같 이
그 배에서 생 수가 흘러 넘치리 라 말씀 하시네
나 는믿네 나는믿네 주의 성령내안에서일하 시 네
내안에서생수의 강 흘러흘러넘쳐나 네
주 의성령 나 의 죄 깨끗하게 씻어 주 시 네
생 수의강 내 안 에 넘쳐흘러 나를 정결케하네

155 문을 열어라

작사 & 작곡 이순희

♩= 80
Bb Bb/D Eb Bb/D F Bb/D C/E F F/A
문을열 어라 네 마음의 문 을 열 어 라
5 Bb Bb/D Eb Bb/D F Bb/D F F/A Bb
문을열 어라 네 마음의 문 을 열 어 라
9 F Eb Cm F/A Bb F/A F Bb/D
그 어떤죄악속에 빠져있어도 그 어떤슬픔속에 빠져있어도
13 F Eb Cm Bb Bb/D Eb F
주 님의말씀대로 마음문열면 사 랑의나의주님 내게들어와
17 Bb F/A Eb/G F/A Bb F/A
내 -안에 모든죄악 태 워주 시 고
21 Bb Eb/G Bb Cm F/A Bb
기 -쁨과 평강의 샘물솟아 나 게하 시 네
25 Bb Bb/D Eb Bb/D F Bb/D C/E F F/A
문을열 었네- 내 마음의 문 을 열 었 네
29 Bb Bb/D Eb Bb/D F Bb/D F F/A Bb
주님내게들어와 나와더불어먹고 나 주와더불어먹 네

복음을 전파하라

작사 & 작곡 이순희

♩= 100
복음을전파하라 너 희는 주의복음전 하 라
온천하에다니며 만민에게 복음을 전파하 라
하 나님 이 가장기뻐 하시는 것 영 혼 구 원
하 나님 이 가장기뻐 하시는 것 제자양성 세계선 교
주가주신능력으 로 세상에빛을발하 세
주가주신사랑으 로 죽은영혼살 리 세
죄를짓는영혼에게 빛을발하여 깨닫고 회개케하 고
결박당한영혼들을 자유케하여 주님의뜻이루게하 세
많은영혼주께로 인도하여 하늘의 별 처 럼
영원토록빛나는삶 살도록 복 음 전 하 세

157 새로운 미래의 창

작사 박진호
작곡 이순희

♩= 110
새 로운 미래의 창 수 많은 하늘아 래
하 나님 의뜻으 로 하 나된장로연합 회
행 복의땅 사명위 해 손 잡은장 로 들
교 회위해 겨레위 해 자아를 내려놓 고
합 력하여 선을이루어 빛과소금이 되 자
교 단의 벽을넘 어 교 파의담을넘 어
복음으 로 한데뭉 쳐 생명걸고나아가 자
주를위해 부름받 은 수 원수 원특레 시
기독교장 로연합 회 세 상에빛을발하 리

성령

성령은 죄로 인해 더러워진 158

작사 & 작곡 이순희

성 령 은 죄로인해 - 더 러워 진것 들 을 정결케 하시고
하 나 님의거룩함을 - 회복시켜주 시 네 우리안에 성령이
임 하 시 면 죄로 인해더럽고 혼미 한것들 깨끗해지 고
아 름 답고성 결한삶 - 거룩하고존귀한 삶 살게되 네
성 령님은 - 우 리를 성결하 고 거룩한길로 인도하시네
성 령님은 - 우 리가 예수님 의 성품에 참여 하기원하네
나 의 주 나의사랑 - 성 령으로충 만 케 가득채워 주시네
나 는 이제기뻐춤추네 나는이제성 령 의 능력으로 자유해

B
남자

159 성령의 바람이여

성령

작사 김지원
작곡 이순희

♩= 80
성 령의 바람이 여 솔솔불어 오 - 소 서
열 정의 성령이 여 불로불로 태우소 서
내영혼의 티끌들 을 털어날려 버리소 서
내영혼의 게으름 을 태워태워 버리소 서
정 결한 영혼 깨 끗한 영혼 열 정의영혼으 로
가 득채 우소 서 채우 소서 주 님의사랑으 로
은혜의소낙비 성령의생수가 강같이흐르게 하 소 서
내안의더러운 죄악을씻으사 흰눈보다더희게 하 소 서
성 령의 바 람 성 령의 불 성 령의 생 수 가
내 영혼 을 정 결 하 - 게 회복시켜 주 시 네

성령

성령의 생수는

작사 & 작곡 이순희

♩= 80
B♭ Cm B♭/D E♭ F E♭/G F/A
성 령의생 수 는 세속적인 사랑 씻어내 고
B♭ Cm B♭/D E♭ F F/A B♭ B♭/D
성 령의뜨거운불 은 탐욕적인 사랑 소멸하 네
F E♭ Cm F/A Cm F/A
병 든사랑 상처로남고 상 처는죄를남기 네
B♭ F/A Cm F/A E♭/G F/A B♭
예 수님의 십자가보혈 참된사랑회복시키 네
B♭ Cm B♭/D E♭ F
성 령의 생수 로 씻 고 성 령의불로태 워
B♭ F/A B♭ F/A B♭
보 혈의능력 의지하 여 성결한삶살아가 세

B
남자

161 수원을 새롭게 시민을 빛나게

작사 & 작곡 이순희
♩= 100
수 원을 새롭 게 시 민을 빛나 게
수원 - 시가 좋 아 날마다 새로운수 원
수원 - 시가 좋 아 시민이 빛나는수 원
수원 - 시로 오세 요 행복이 넘 치는수 원
수원 - 시로 오세 요 기쁨이 넘 치는수 원
수 원 화성 - 세계문화유산 화 성 화성행 궁
정조대왕본받아 뿌리뻗은효의 도 시 아름다운 곳
경기도의최대도 시 수준높은교육도 시
동 으로용인시 서 로는안산시 남 으로화성시 북 으로의왕시
교 통의요충지 살기좋은수원시 사통팔달길이열린 다 팔달구

작사 & 작곡 이순희
착 하게살아라 권선징악권선구 척 - 하면삼천리 - 영통하는영통구
융 성한도시가 되 라 는 정조의뜻장 안 구
수 원 - 시가 좋 아 수 원왕 갈 - 비갈 비 뜯고싶어
수 원 - 시가 좋 아 수 원왕 갈 - 비통 닭 먹고싶어
수 원 - 시 가 좋 아 시 민이 빛 나 는 수 원
수 원 - 시 로 오 세 요 행 복이 넘 치 는 수 원
수 원을 새 롭 게 시 민 을 빛 나 게

162 여호와는 나의 목자

시 23:1–5

작사 & 작곡 이순희

♩=90
여호와는나의목자 나의목자 시 니 내게 부족함 없 네
그가나를푸른풀 밭 에 누이시며 쉴 만한물가로 인도하시는도다
내 영혼을 소생시키고 자기이름을 위하 여
의 의길로 인도하시네 내가사망의 음침 한 골짜기
골짜기로다닐지라 도 해를두려 워 하지않을것 은
주께서나와함께하 심이라 주의지팡 이 막대기 나를 안위하시네
주님께서내원수의 목전에서 내 게 상을 차려주 시 고
내 머리에 기름 부으셨으 니 내잔이 넘 치 네

우리의 싸움은 혈과 육을 163

엡 6:12

작사 & 작곡 이순희

♩= 80
Bb Cm Bb/D Cm Eb Cm F/A
우 리 의싸움 은 혈과육을 상대하는것이아니 요
Bb Cm Eb F Bb/D Cm F/A
통 치 자들 과 권세들과 이 어둠의 세상주관 자 들 과
Bb Cm F/A Cm F/A Bb
하 늘에 있 는 악의 영들을 상대함이 라
F Bb/D F Cm Eb F
악 -한영 들 을 대적 하는 영적 싸움 은
F Bb/D F Cm F/A Bb
죄 -의결박 끊 어내고 나의 영혼 을자유케하 네
Bb Cm Bb/D Cm Eb Cm F/A
우 리 모두주 님 의지하여 영적싸움승리하 - 고
Bb Cm Eb F Bb/D Cm F/A Bb
하 늘 의권 세 하 - 늘의 축 복 - 을 누리며살 아 가 세

164 위대한 발견

작사 & 작곡 이순희
♩= 80
위 대한 발견 복음의 발견- 천 국의 발 견
하나 님의 능력 발견 하여 주신사명감당하 고
하나 님의 사랑 발견 하여 하나님을기쁘게하 고
우 리의정체성 발견 하여 하나님과연합하 고
우 리의소망을 발견 하여 고난을 이 기 네
잠 재력 발견하 여 주의일 기쁘게하 고
말 씀을 발견하 여 복음의길걸어가 세
생 명을발견하 여 진리안에자유누리 고
사 명을발견하 여 주님의뜻이 루 세

일어나라 빛을 발하라

작사 & 작곡 이순희
♩= 100
일어나라 빛을 발 하라 이는네 빛이 이르렀고
여호와의 영광 이 네게 임하였 음이니 라
하 나님 의 귀한공동체 O O공 동 체
O O교 단 O O공동체 한자리에모 였 네
부 름받 은 하나님자녀 한자리에모 였 네
한피받아한몸이 룬 하나님사랑공동 체
성령의충만함받 아 주님의뜻 - 이루 며
성결하고정결하 여 주님의뜻 - 이루 네
예배하고찬양하 며 일어나빛을발하 네
불 - 같은 성령의은혜 체 험 하 네
성 - 령의 인도받 아 빛 을 발 하 네
하 나님 의 귀한공동체 O O공 동 체
부 흥의불 타오르 네 O O - 공 동 체

B
남자

166 주 나와 함께 하시네

작사 & 작곡 이순희

♩= 80
B♭ Cm B♭/D E♭ F
주 나와함께하시 네 주 나와동행하시 네
B♭ Cm B♭/D E♭ F F/A B♭
주 나를인도하시 네 주 나를축복하시 네
B♭ B♭/D E♭ B♭/D F F/A B♭
나의사 랑 나 의 주 끝 없는희생으 로
B♭ B♭/D E♭ F B♭/D F B♭ B♭/D
나의모 든 죄와상 처 씻 어 주 시 네
F B♭/D F F/A B♭ B♭/D
나 -이제 주님을 증거하며살 리 라
F E♭ F Cm F/A B♭
나 -이제 주님의 말씀따라살 리 라

주님 주신 사명따라 167

작사 & 작곡 이순희

♩= 64
B♭ Cm B♭/D B♭ Cm F
주님 주신사명따라살아가 네 나의 일생주께맡기기로했 네
5 B♭ Cm B♭/D B♭ Cm F/A B♭
지체 할수없네망설이지않 네 후회 없이푯대향해달려가 네
10 B♭ Cm B♭/D B♭ Cm F/A
나아 가야하네전진해야하 네 달려 가야하네부르심의상을향 해
15 E♭ F B♭/D E♭ F F/A B♭
복음 위한사명따라살아가 네 주께 맡긴 인생 주가책임지시 네
20 B♭ F/A E♭/G F/A Gm Gm/F C/E F
내게 유 익 하 던 모든것 을 배설물로여 기 네
25 E♭ F B♭/D Cm F/A E♭ F B♭
주 안에서 발견되기 - 원하 네 주뜻이루기위 해

168 참된그리스도인은

작사 & 작곡 이순희
♩=78
B♭ F/A Cm B♭ E♭/G F
참된그리스 도 인 은 영의 세계 바로 아 네
5 B♭ B♭/D F Cm F/A B♭
영적 지식 능력 겸비하여 어둠 에속 지않 네
9 Cm F/A Cm F/A
영 의눈과귀열 어 주를보고음성듣 네
13 Cm F/A Cm F/A B♭
영 적분별력으 로 사탄에게속지않 네
17 B♭ F/A Cm B♭ E♭/G F F/A
하나 님을 아는 지식으로 지혜 롭고 성결 하 게
21 B♭ B♭/D F Cm F/A B♭
하나 님사 랑- 이웃사랑 실천 하며 살겠 네

깜깜한 사망의 골짜기를 169

작사 김지원
작곡 이순희

♩= 72
Gm D/F♯ Cm/E♭ D
깜 깜한 사 망의골짜기를 걷 고있 나 요
Gm D/F♯ Cm/E♭ E♭ A° D D/F♯
물 없는 뜨 거운사막을 하 염없이가고있나 요
Gm D/F♯ D Gm/B♭ A° D D/F♯ Gm Gm/B♭
풍랑 이는 거친바다에 서 조각배를타고있나 요
Cm D Gm/B♭ Cm D Gm/B♭ Cm D
인 -생길을 걸을때 아무 것도 보이지않을 때
Cm Gm/B♭ D Cm D D/F♯ Gm Gm/D
그 -끝을 잡고계 신 주님 을보 세 요
Gm Cm/E♭ Gm D/F♯ Cm/E♭ Gm
주는나의 길이 요진리요 생명이 라 모든길 을 여시는
Cm Gm/B♭ D D/F♯ E♭ D Gm
능력의주 님이 라 천국의 문 열어주 시 는 주

B
남자

170 나에게 다가온 고난

보라! 행복한 주의 종들을 (김선주)

작사 & 작곡 이순희

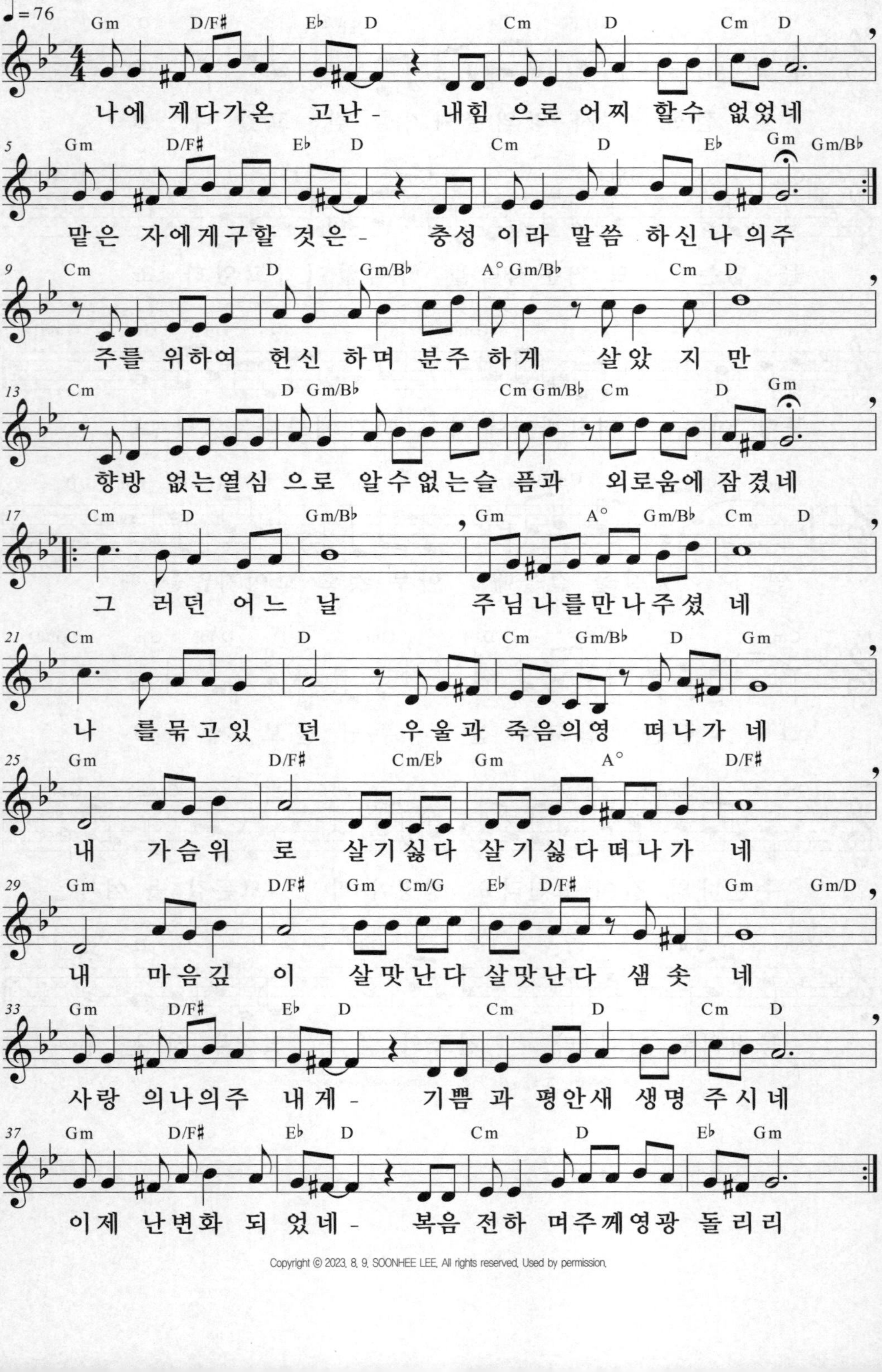

♩= 76

나에 게다가온 고난- 내힘 으로 어찌 할수 없었네

맡은 자에게구할 것은- 충성 이라 말씀 하신나 의주

주를 위하여 헌신 하며 분주 하게 살았 지 만

향방 없는열심 으로 알수없는슬 픔과 외로움에 잠겼네

그 러던 어느 날 주님나를만나주셨 네

나 를묶고있 던 우울과 죽음의영 떠나가 네

내 가슴위 로 살기싫다 살기싫다떠나가 네

내 마음깊 이 살맛난다 살맛난다 샘솟 네

사랑 의나의주 내게- 기쁨 과 평안새 생명 주시네

이제 난변화 되 었네- 복음 전하 며주께영광 돌리리

나의 깊은 상처를

171

작사 & 작곡 이순희

♩=90
Gm Cm/E♭ D Cm D D/F♯
나 의깊은상처 를 어 루 만지 시는사랑의 - 주
Gm Cm/E♭ D Cm D D/F♯ Gm Gm/B♭
크 신능력으 - 로 나 의 깊은우울치료하시 네
Cm Gm/B♭ A° D/F♯ Gm Gm/B♭
상 - 처에 짓 눌 려 고통으로신음하던 내인생
Cm Gm/B♭ A° D/F♯ Gm
과 - 거를 잊지못 해 아픔으로우울하던 내 인 생
Gm D/F♯ Gm Gm/B♭ A° D7
이제나는 더이 상 상처와 우울에 매이지않 네
Gm D/F♯ Gm Cm7 D Gm
이제나는 더이 상 과거의 아 픔 에 매 이 지 않 네
Gm Cm/E♭ D Cm D D/F♯
회 복의 - 능력 을 간 증 하는삶으로변화됐 네
Gm Cm/E♭ D Cm D D/F♯ Gm
마 음과정성모 아 사 랑 의 주를찬 - 양하 네

172 세상길을 걸어가는

작사 & 작곡 이순희
♩= 80
Gm D/F# Cm/E♭ D Gm D/F#
세 상 길을 걸 어 가는 주의자녀들에게 도
우 리 주님 우 리 에게 고난을통해서라 도
Gm D/F# Cm/E♭ D Gm D/F# Gm
여 러 가지 장 애 물이 인생길을막는다 네
내 려 놓고 주 님 만을 바라보게하신다 네
Gm D/F# Gm Gm/B♭ D D/F#
수 많은 문제앞 에 당 황하지말 고
Gm D/F# Cm D D/F# Gm Gm/B♭
문 제의 해결자되신 주 께나아가 세
Cm Gm/B♭ D Gm/B♭ Gm D/F# E♭ D
형식적인기도 중언부언기도 정욕위한기 도 내려놓고
Cm Gm/B♭ D Gm/B♭ Gm D/F# D Gm
내려놓는 기도 깨뜨리는기도 성령의인도받는 기도 하여
Gm D/F# E♭ D Gm D/F#
어 떤 환경 속 에 서도 해를받지않으면 서
Gm D/F# E♭ D Gm D/F# Gm
주 의 복음 증 거 하며 주님의뜻이 - 루 세

십자가는 우리의

작사 & 작곡 이순희

♩= 86
Gm D/F♯ Cm/E♭ Gm D/A Gm D/F♯
십자 가는 우리 의 혼탁한 영혼을 치료하 고
5 Gm D/F♯ Cm/E♭ Cm Gm/B♭ D/A Gm
가식 과위선 육적인사고방식 치료 한 다 네
9 Gm D/F♯ Cm/E♭ D/F♯ Gm D/F♯ Gm
십자 가는 병든자 기애와 우울 영 적매너리 즘
13 Gm D/F♯ E♭ D/F♯ Gm A° D/F♯ Gm
스트 레스 무의 식의상처 병든관계 까지치료 한 다 네
17 Gm D Gm D/A Gm D/F♯
이제 우린 십자가를의지하여 전인적 치료받 아
21 Gm D/F♯ Gm D/F♯ Gm D/F♯ Gm
주님 의뜻 이루 며 열매맺는 삶 살기원 하 네

174 십자가의 능력이 임하는

십자가

작사 & 작곡 이순희
♩= 80
십 자가의능력 이 임 하는 곳 에
자유와 해방 기적과 치유 변화의 역사 일어나네
십자가의통치를 받는 자는 세상욕심내려놓 고
하나님의뜻 - 을 이루 는삶 살 아가 네
이 - 제우리 영 혼깊 은 상처를 치유하시 며
자 - 유케하 는 십 자 가 붙들고 살아가 세
사랑의십자 가 능력의십자 가
십자가통치 를 받으며살아가 세

내적치유

알 수 없는 불안감

보라! 행복한 주의 종들을 (김승희)

작사 & 작곡 이순희

알 수없는불안 감 영적고통 으로괴로운 나날 들

스 스로를지키고 자 나의욕심 으로똘똘뭉쳐졌 네

지식과 물질이 내삶을 보장할거 라 생각했지 만

나 에게 돌아오는것은 우 울과 원망 뿐

그 때 나를 찾아주신주님 사랑으로감싸주시 네

조건 없는사 랑 끝없이 부어지는은혜 로

나 의완악한마 음 이기심과 교만깨닫게 하시 고

하 나님의형상으 로 새롭게 회복시켜주 - 셨 네

176 영적전쟁 진리와 거짓의

영적전쟁

작사 & 작곡 이순희

♩=76
Gm D/F♯ Cm/E♭ Gm D/F♯ Gm D/F♯ Cm/E♭ D
영적전쟁 진리와 거짓의싸움 성도 의무기 진리의 말씀이라네
5 Cm D D/F♯ Gm A° Cm D Gm
분노의거짓앞에 화평의진리로 미움의거짓앞에 용서의진리로
9 Gm Cm/E♭ D Cm D
두 려움의거짓 앞에 평 안의 진리로
13 Gm D/F♯ Gm D D/F♯ Cm/E♭ D/F♯ Gm
의 심의 거짓 앞에 신 뢰의진리로 맞서싸우네
17 Gm D/F♯ Cm/E♭ Gm D/F♯ Gm D/F♯ Cm/E♭ D
영적전쟁 진리와 거짓의싸움 성도 의무기 진리의 말씀이라네
21 Cm D D/F♯ Gm A° Cm D Gm
우리모두사탄의 계략분별하여 영적인전쟁에서 승리하기원해

우리 모두 병든 속사람을 177

작사 & 작곡 이순희

♩= 90
우 리모두 병 든속 사 람 을 바 꾸 어
아 름답고 행 복하 게 살 아 가 야 해
우리의견고한자 아 깨뜨려 하나님형상회복 해야 하네
모든죄와상처의 결 박풀고 깊은내면치유 받아야하네
자기를부인하고 정 욕 과 탐심을십자가에 못박아야해
끝 -없는 연단의 과 정속 에 서
육 -적인 욕심을 걷 어내야하 네
십 자가로 모 든문 제 해 결 받 아 서
진 리안에 자 유하 며 살 아 가 리 라

178 인생을 절망으로

내적치유

작사 & 작곡 이순희

♩= 72
인생 을절망으 로 끌고 가는 깊은상 처
상처 는자기애에 빠지 게하고 고통 은연약함만 바라보게하네
연약함에 빠진 자 하나님의 능력 보지 못 해
우울함에 빠진 자 하나님의 치료 느끼지못 해
외 -로움 과 공허함만 커져갈 뿐이라 네
이 -제는 눈을들 어 주의능력바라보 고
믿 음으로나아 가 주 의치료간구하 네
치 료의주하나 님 나 를고쳐주셨 네

플러스 인생

179

작사 & 작곡 이순희

♩= 90
Gm D/F# Gm Cm D Cm D Gm
플 러스인생 살아가세 - 플 러 스 인 생 살 아 가 세 -
Gm D/F# Cm/E♭ D D/F# Gm D/F# D D/F#
어 리 석 은사람 육 적 인 욕 심따라 마 이 너 스 인 생 살 지 만
Gm D/F# Cm/E♭ D D/F# Gm D/F# Gm
지 혜 로 운 사 람 영 적 인 욕 심따라 플 러 스 - 인 생 사 네
Gm D/F# Gm D/F# Gm D/F# Cm A° A°/C D
육 에 속 한 사 람 자 기 힘 으 로 바람개비날리며사 네 (마이너스인생)
Gm D/F# Gm D/F# Gm D/F# Cm/E♭ D/F# Gm Gm/B♭
영 에 속 한 사 람 주 의 힘 으 로 풍 차 를 돌 리 며 사 네 (플러스인생)
Cm Gm/B♭ Gm A° Gm/B♭ Cm D
예 배 와 기 도 찬 양 과 헌 신 우 선 으 로 사 는 플 러 스 인 생
Cm Gm/B♭ Gm A° D/F# Gm
하 늘 의 것 을 바 라 보 면 서 행 복 하 게 사 는 플 러 스 인 생
Gm D/F# Cm/E♭ D D/F# Gm D/F# D D/F#
하 나 님 께 맡 긴 만 큼 안 전 - 하 고 존 귀 한 - 플 러 스 인 생
Gm D/F# Cm/E♭ D D/F# Gm D/F# Gm
성 령 님 의 인 도 받 아 풍 성 - 함 을 누 리 는 - 플 러 스 인 생

B
남자

180

힘 없이 쉬운 길만

보라! 행복한 주의 종들을 (김지환)

내적치유

작사 김지환
작곡 이순희

♩=78
힘 -없이쉬 운길만 찾 아헤 매 며
방 -황하며 살아오던나 치 열함 도
열 정 도 없-이 게으르게허 송 세월보 냈 네
허 -무함 속에보내던 어 느날 주님 이
나를 찾아오 셨네- 나의영혼살리시 려 불러주셨 네
새 롭게 하셨 네 나의사명을 깨 닫게하신예수 님
이제 는 주를위한 열정으로 사명감당하며살 리
지치고 힘들어 도 주님주신 능력으로일어서 리
나와같이동행하 심 감사하며 주 를위해살 리

여자

180곡

Contents

여자키 | 가나다순

가

가나안 땅 귀한 성 E 60
가릴 수 없는 Am 9
가장 부요한 인생 Eb 43
감사함으로 그 문에 Bb 159
거친 풍랑과 같이 Gm 170
거칠고 험한 인생길 D 25
겉사람은 낡아지나 Dm 87
기쁨이 압도하는 삶 A 143
깊은 열등감의 Dm 88
깊은 우울과 절망 Dm 89
깜깜한 사망의 골짜기를 G 120
깨닫는 만큼 영적 도약 이루고 Ab 132
꺼지지 않는 불 E 61

나

나 주를 만난 후에 G 103
나를 능하게 하신 주 D 26
나를 향한 하나님의 계획 E 62
나에게 다가온 고난 Em 121
나의 깊은 상처를 Em 122
나의 욕심 Am 10
나의 자아 깨뜨려 G 104
낙엽은 바람을 Eb 44
내 생각으로 육신의 생각으로 Gm 171
내 안에서 역사하는 Am 11
내 영혼에 닥쳐온 Dm 90
내 영혼의 곤고함 D 27
내 영혼의 밀실까지 Gm 172
내 인생에 놓여진 A 144
내 인생의 가장 귀한 분 Gm 173
내 주의 성령님 F 70
내 힘과 생각으로 Dm 91
내가 여호와를 항상 Eb 45
내가 입을 열지 않을 때 Am 12
너는 모든 일에 신중하여 F 72
너무나 오랜 세월들 Dm 92
너희 죄가 주홍 같이 Bb 160
너희는 모든 악독과 A 145
너희는 여호와의 F 73
네 입을 크게 열라 Ab 133
눈물 없는 곳 Eb 46
능력의 십자가 C 1

다

두려워하지 말고 C 2
두려워하지 말라 Eb 47
똑똑똑 똑똑똑 예수님 F 74

마

말씀은 미숙한 우리를 Am 13
말씀의 빛이 Am 14
망상에 빠져 Eb 48
메마른 내 가슴에 Ab 134
명절 끝날 큰 날에 G 105
모든 상황 속에서 역전승을 F 75
모세의 지팡이 A 146
무엇을 먹을까 Bb 161
무엇이든지 내게 Gm 174
문을 열어라 G 106
믿음의 눈으로 D 28
믿음의 사람은 Dm 93

바

보배되신 나의 주님 Eb 49
복음을 전파하라 G 107
불 같은 성령으로 A 147

사

사람들은 이 세상 복 A 148
사람들은 저마다 Dm 94
사람들의 인정과 칭찬을 A 149
사랑의 주님이 E 63
살아가는 이유 모르고 Bm 38
살아계신 하나님의 사랑은 Gm 175
살아있는 하나님 말씀 F 76
상처 받을 수밖에 없는 Gm 176
상처로 인한 망상 Am 15
새로운 미래의 창 G 108
선한 목자 나의 주 Dm 95
성령으로 아니하고는 Am 16
성령은 죄로 인해 더러워진 G 109
성령은 지혜와 총명의 영 A 150
성령의 뜨거운 불 D 29
성령의 바람 날개 달고 A 151
성령의 바람이여 G 110
성령의 불은 D 30
성령의 생수는 G 111
성령이 임하시면 놀라운 역사 E 64
성인아이 쉽게 상처받고 Dm 96
세상 속에 묻혀 C 3
세상과 벗이 되어 Am 17
세상길을 걸어가는 Em 123
속사람이 병든 사람은 Gm 177
수많은 사람들 중에 A 152
수많은 사람들이 보화를 Am 18
수원을 새롭게 시민을 빛나게 G 112
승리의 길 형통의 길 Dm 97
십자가 지셨네 D 31
십자가는 우리의 Em 124
십자가에서 D 32
십자가에서 흘리신 F 77
십자가의 능력이 임하는 Em 125

아

아름답고 신실하신 Bm 39
알 수 없는 불안감 Em 126
어느 날 나에게 닥친 고난과 아픔 Gm 178
업 앤 다운 F 78
없앨 싸움 피할 싸움 Bb 163
여호와는 나의 목자 G 113
여호와의 손이 짧아 E 65
영적 무감각에 빠져 Dm 98

Contents

영적능력은 분별하는 Bb 162
영적전쟁 진리와 거짓의 Em 127
영적전쟁 패배할 때 E 66
영적전쟁에서 Cm 59
영혼이 병든 사람은 Dm 99
예수 나의 좋은 친구 E 67
예수 안에 있는 자 Eb 50
예수님의 사랑의 시선이 D 33
예수님이 흘리신 D 34
예수의 흘린 피 Eb 51
오직 성령이 너희에게 임하시면 A 153
우리 모두 고난의 D 35
우리 모두 마음의 눈 열고 C 4
우리 모두 병든 속사람을 Em 128
우리 인생의 최대의 복 C 5
우리 주의 성령 F 71
우리가 고난 당할 때 Am 19
우리는 어부 사람 낚는 어부 Ab 135
우리는 영적싸움에서 Eb 52
우리의 겉사람은 Ab 136
우리의 낮아짐은 D 36
우리의 싸움은 혈과 육을 G 114
우리의 인생을 C 6
우울감을 안고 사는 Dm 100
위대한 발견 G 115
위대한 힘 F 79
위장에 능한 거짓의 아비 Am 20
은혜의 강물 Bb 164
인생 역전의 은혜 Dm 101
인생 최대의 발견 Am 21
인생은 누구나 Ab 137
인생을 절망으로 Em 129
인생의 뿌리를 치료받을 때 Dm 102
인생의 크기는 믿음의 크기 Ab 138
일어나라 빛을 발하라 G 116
일을 행하시는 여호와 A 154

자

자아를 깨뜨리세 Bb 165
잠시 있다 없어질 Bb 166
죄로 인해 쌓인 Am 22
주 나와 함께 하시네 G 117
주 보혈 주 보혈 Eb 53
주 은혜 한량없네 Ab 139
주께 맡기세 D 37
주께 영광 F 80
주님 주신 사명따라 G 118
주님 주신 열정 F 82
주님의 사랑 아니면 F 83
주님의 성령 F 81
주님이 보여주신 나의 꿈 Eb 54
주를 위한 삶 F 84
주의 사랑으로 살아가리 C 7
진리를 알지니 Eb 55

차

찬양 우리의 모든 것 Bb 167
참된 그리스도인은 G 119
참된 기쁨 A 155
참된 평안을 Eb 56

카

크고 위대하신 하나님 A 156
큰 집에는 금 그릇과 Eb 57

파

푯대를 향해 A 157
플러스 인생 Em 130

하

하나님은 성결한 영혼에 F 85
하나님은 우리에게 Ab 140
하나님은 우리의 깊은 상처 Ab 141
하나님의 사람 A 158
하나님의 사랑은 상한 Bb 168
하나님의 사랑은 Gm 179
하나님의 영으로 E 68
하나님의 은혜를 받아 Ab 142
하나님의 임재 안에 F 86
하나님의 통치를 Bm 40
하나님이 기뻐하시는 금식 Am 23
하나님이 예비하신 Bm 41
하나님이여 나를 도우사 Eb 58
하나님이여 나를 살피사 E 69
하늘의 보고를 C 8
할까 말까 Bb 169
해결할 수 없었던 Gm 180
행복한 인생을 꿈꾸는 Bm 42
허물의 사함을 받고 Am 24
힘 없이 쉬운 길만 Em 131

Contents

C

능력의 십자가 C 1
두려워하지 말고 C 2
세상 속에 묻혀 C 3
우리 모두 마음의 눈 열고 C 4
우리 인생의 최대의 복 C 5
우리의 인생을 C 6
주의 사랑으로 살아가리 C 7
하늘의 보고를 C 8

Am

가릴 수 없는 Am 9
나의 욕심 Am 10
내 안에서 역사하는 Am 11
내가 입을 열지 않을 때 Am 12
말씀은 미숙한 우리를 Am 13
말씀의 빛이 Am 14
상처로 인한 망상 Am 15
성령으로 아니하고는 Am 16
세상과 벗이 되어 Am 17
수많은 사람들이 보화를 Am 18
우리가 고난 당할 때 Am 19
위장에 능한 거짓의 아비 Am 20
인생 최대의 발견 Am 21
죄로 인해 쌓인 Am 22
하나님이 기뻐하시는 금식 Am 23
허물의 사함을 받고 Am 24

D

거칠고 험한 인생길 D 25
나를 능하게 하신 주 D 26
내 영혼의 곤고함 D 27
믿음의 눈으로 D 28
성령의 뜨거운 불 D 29
성령의 불은 D 30
십자가 지셨네 D 31
십자가에서 D 32
예수님의 사랑의 시선이 D 33
예수님이 흘리신 D 34
우리 모두 고난의 D 35
우리의 낮아짐은 D 36
주께 맡기세 D 37

Bm

살아가는 이유 모르고 Bm 38
아름답고 신실하신 Bm 39
하나님의 통치를 Bm 40
하나님이 예비하신 Bm 41
행복한 인생을 꿈꾸는 Bm 42

Eb

가장 부요한 인생 Eb 43
낙엽은 바람을 Eb 44
내가 여호와를 항상 Eb 45
눈물 없는 곳 Eb 46
두려워하지 말라 Eb 47
망상에 빠져 Eb 48
보배되신 나의 주님 Eb 49
예수 안에 있는 자 Eb 50
예수의 흘린 피 Eb 51
우리는 영적싸움에서 Eb 52
주 보혈 주 보혈 Eb 53
주님이 보여주신 나의 꿈 Eb 54
진리를 알지니 Eb 55
참된 평안을 Eb 56
큰 집에는 금 그릇과 Eb 57
하나님이여 나를 도우사 Eb 58

Cm

영적전쟁에서 Cm 59

E

가나안 땅 귀한 성 E 60
꺼지지 않는 불 E 61
나를 향한 하나님의 계획 E 62
사랑의 주님이 E 63
성령이 임하시면 놀라운 역사 E 64
여호와의 손이 짧아 E 65
영적전쟁 패배할 때 E 66
예수 나의 좋은 친구 E 67
하나님의 영으로 E 68
하나님이여 나를 살피사 E 69

F

내 주의 성령님 F 70
너는 모든 일에 신중하여 F 72
너희는 여호와의 F 73
똑똑똑 똑똑똑 예수님 F 74
모든 상황 속에서 역전승을 F 75
살아있는 하나님 말씀 F 76
십자가에서 흘리신 F 77
업 앤 다운 F 78
우리 주의 성령 F 71
위대한 힘 F 79
주께 영광 F 80
주님 주신 열정 F 82
주님의 사랑 아니면 F 83
주님의 성령 F 81
주를 위한 삶 F 84
하나님은 성결한 영혼에 F 85
하나님의 임재 안에 F 86

Dm

겉사람은 낡아지나 Dm 87
깊은 열등감의 Dm 88
깊은 우울과 절망 Dm 89
내 영혼에 닥쳐온 Dm 90
내 힘과 생각으로 Dm 91
너무나 오랜 세월들 Dm 92
믿음의 사람은 Dm 93
사람들은 저마다 Dm 94
선한 목자 나의 주 Dm 95
성인아이 쉽게 상처받고 Dm 96

Contents

승리의 길 형통의 길 Dm 97
영적 무감각에 빠져 Dm 98
영혼이 병든 사람은 Dm 99
우울감을 안고 사는 Dm 100
인생 역전의 은혜 Dm 101
인생의 뿌리를 치료받을 때 Dm 102

G

나 주를 만난 후에 G 103
나의 자아 깨뜨려 G 104
명절 끝날 큰 날에 G 105
문을 열어라 G 106
복음을 전파하라 G 107
새로운 미래의 창 G 108
성령은 죄로 인해 더러워진 G 109
성령의 바람이여 G 110
성령의 생수는 G 111
수원을 새롭게 시민을 빛나게 G 112
여호와는 나의 목자 G 113
우리의 싸움은 혈과 육을 G 114
위대한 발견 G 115
일어나라 빛을 발하라 G 116
주 나와 함께 하시네 G 117
주님 주신 사명따라 G 118
참된 그리스도인은 G 119
깜깜한 사망의 골짜기를 G 120

Em

나에게 다가온 고난 Em 121
나의 깊은 상처를 Em 122
세상길을 걸어가는 Em 123
십자가는 우리의 Em 124
십자가의 능력이 임하는 Em 125
알 수 없는 불안감 Em 126
영적전쟁 진리와 거짓의 Em 127
우리 모두 병든 속사람을 Em 128
인생을 절망으로 Em 129
플러스 인생 Em 130
힘 없이 쉬운 길만 Em 131

Ab

깨닫는 만큼 영적 도약 이루고 Ab 132
네 입을 크게 열라 Ab 133
메마른 내 가슴에 Ab 134
우리는 어부 사람 낚는 어부 Ab 135
우리의 겉사람은 Ab 136
인생은 누구나 Ab 137
인생의 크기는 믿음의 크기 Ab 138
주 은혜 한량없네 Ab 139
하나님은 우리에게 Ab 140
하나님은 우리의 깊은 상처 Ab 141
하나님의 은혜를 받아 Ab 142

A

기쁨이 압도하는 삶 A 143
내 인생에 놓여진 A 144
너희는 모든 악독과 A 145
모세의 지팡이 A 146
불 같은 성령으로 A 147
사람들은 이 세상 복 A 148
사람들의 인정과 칭찬을 A 149
성령은 지혜와 총명의 영 A 150
성령의 바람 날개 달고 A 151
수많은 사람들 중에 A 152
오직 성령이 너희에게 임하시면 A 153
일을 행하시는 여호와 A 154
참된 기쁨 A 155
크고 위대하신 하나님 A 156
푯대를 향해 A 157
하나님의 사람 A 158

Bb

감사함으로 그 문에 Bb 159
너희 죄가 주홍 같이 Bb 160
무엇을 먹을까 Bb 161
없앨 싸움 피할 싸움 Bb 163
영적능력은 분별하는 Bb 162
은혜의 강물 Bb 164
자아를 깨뜨리세 Bb 165
잠시 있다 없어질 Bb 166
찬양 우리의 모든 것 Bb 167
하나님의 사랑은 상한 Bb 168
할까 말까 Bb 169

Gm

거친 풍랑과 같이 Gm 170
내 생각으로 육신의 생각으로 Gm 171
내 영혼의 밀실까지 Gm 172
내 인생의 가장 귀한 분 Gm 173
무엇이든지 내게 Gm 174
살아계신 하나님의 사랑은 Gm 175
상처 받을 수밖에 없는 Gm 176
속사람이 병든 사람은 Gm 177
어느 날 나에게 닥친 고난과 아픔 Gm 178
하나님의 사랑은 Gm 179
해결할 수 없었던 Gm 180

Contents

보라! 행복한 주의 종들을

가릴 수 없는 (김용재) Am 9
나에게 다가온 고난 (김선주) Em 121
너무나 오랜 세월들 (서민주) Dm 92
망상에 빠져 (김현국) Eb 48
사람들의 인정과 칭찬을 (김지민) A 149
살아가는 이유 모르고 (이광호) Bm 38
알 수 없는 불안감 (김승희) Em 126
어느 날 나에게 닥친 고난과 아픔 (한수산나) Gm 178
해결할 수 없었던 (김선주) Gm 180
힘 없이 쉬운 길만 (김지환) Em 131

내적치유

깊은 열등감의 Dm 88
깊은 우울과 절망 Dm 89
나의 깊은 상처를 Em 122
내 영혼에 닥쳐온 Dm 90
내 인생에 놓여진 A 144
망상에 빠져 Eb 48
알 수 없는 불안감 Em 126
영적 무감각에 빠져 Dm 98
우리 모두 병든 속사람을 Em 128
인생을 절망으로 Em 129
하나님이여 나를 살피사 E 69
힘 없이 쉬운 길만 Em 131

감사

모든 상황 속에서 역전승을 F 75

보혈

십자가에서 흘리신 F 77
주 보혈 주 보혈 Eb 53

성령

꺼지지 않는 불 E 61
성령으로 아니하고는 Am 16
성령은 죄로 인해 더러워진 G 109
성령은 지혜와 총명의 영 A 150
성령의 바람이여 G 110
성령의 불은 D 30
성령의 생수는 G 111
성령이 임하시면 놀라운 역사 E 64
오직 성령이 너희에게 임하시면 A 153

십자가

능력의 십자가 C 1
십자가 지셨네 D 31
십자가에서 D 32
십자가는 우리의 Em 124
십자가의 능력이 임하는 Em 125

영적전쟁

없앨 싸움 피할 싸움 Bb 163
영적전쟁 진리와 거짓의 Em 127
영적전쟁 패배할 때 E 66
영적전쟁에서 Cm 59
우리는 영적싸움에서 Eb 52
위장에 능한 거짓의 아비 Am 20

임재

내 주의 성령님 F 70
우리 주의 성령 F 71
주님의 성령 F 81

임직

수많은 사람들 중에 A 152

입례

주께 영광 F 80

전도

복음을 전파하라 G 107
불 같은 성령으로 A 147
성령의 뜨거운 불 D 29

능력의 십자가

1

작사 & 작곡 이순희

♩= 80
능력 의 십자가 사 랑의 십자 가 사망권세 이기신
하나 님 의능력 사탄마귀심 판하 신 하나님의 권 - 세
십자가의능력을 체험하 여 담대한삶살아가 네
십자가의능력에 나를맡기고 사명에몰입 하 네
십 - 자가 의 능력으로 주님의뜻 이루 고
십 - 자가 의 능력으로 축복의통 로되 네

2 두려워하지 말고

사 41:10
작사 & 작곡 이순희
♩= 80
C Dm F C/E F C/E F G
두 려워하지말고 놀 라지마라 내가너와 함께 하 리니
C Dm F C/E F C/E G G/B C
두 려워하지말고 놀 라지마라 내가너를 도와 주 리라
Fine.
F C/E G7 C/E F C/E F G
내 가너 를 굳 세게하리라 참 으로 너를 도와주리라
F C/E F F G C
참 으로 의로 운 나의오른손으 로 너 를 붙들리 라
F G F G G/B C
거친풍 랑 이 내게닥쳐도 나는두렵지 않 네
F G F G G/B C C/E
모진바 람 이 불어온대도 나는요동치 않 네
G G/B C Dm F G
어 떤환 - 경 속에 서도 흔 들리지않 네
G G/B C Dm G/B C
참 된사랑의 나의 주님 나 를지켜주시 네
D.C

세상 속에 묻혀 3

작사 & 작곡 이순희
세상 속 에묻혀살아 가는- 모든 사 람 들 은
저마 다 의행 복 을 찾아 이리 저리헤매이 네
그 러나 세상 은 점점 더 악해져만가 고
참된 안 식얻 을수없 어 곤고 한 삶 살아가 네
그 -러던 어느날 처절 하 게 무너져갈 때
사 -랑의 나의주님 내게찾 아 오 셨 네
나이제 외롭 지- 않네- 주님 이 함께하시 니
참된행 복과 평 안 오직 예수 주안에있- 네

4 우리 모두 마음의 눈 열고

작사 & 작곡 이순희

♩= 100
우리 모두 마음의눈열고 부르심의소 망 발견 하세
우리 모두 영의눈을열고 하나님의선하신뜻 발견하세
평 범한아브라 함 부르심의 은총받아복의근원 되 었 네
양 치던목동다 윗 부르심의 은총받아이스라엘 왕 되었네
평 범한 어부출 신 시 몬과 안드 레
그 들도 부르심의은총받아 예수님의제자되었 네
우리 모두 마음의눈열고 부르심의소 망 발견 하세
우리 모두 영의눈을열고 하나님의선하신뜻 발견하세

우리 인생의 최대의 복 5

C
여자

작사 & 작곡 이순희

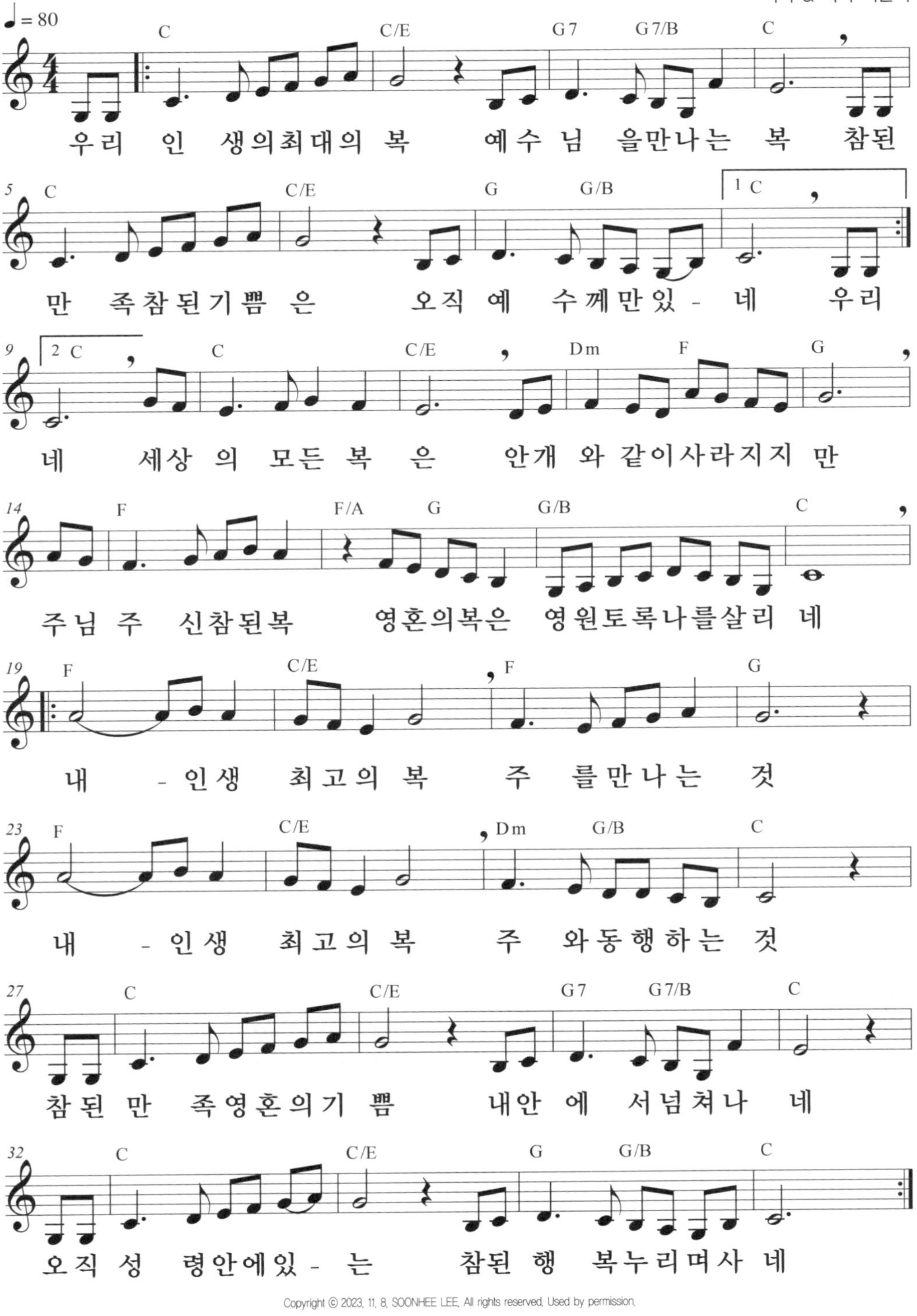

♩= 80

우리 인 생의최대의 복 예수 님 을만나는 복 참된

5 만 족참된기쁨 은 오직 예 수께만있- 네 우리

9 네 세상 의 모든 복 은 안개 와 같이사라지지 만

14 주님 주 신참된복 영혼의복은 영원토록나를살리 네

19 내 -인생 최고의 복 주 를만나는 것

23 내 -인생 최고의 복 주 와동행하는 것

27 참된 만 족영혼의기 쁨 내안 에 서넘쳐나 네

32 오직 성 령안에있- 는 참된 행 복누리며사 네

6 우리의 인생을

작사 & 작곡 이순희
♩= 86
우 리의 인생 을 주도해 나 가는 생 각
생 각의방 향 은 인생의 방향을 결정하 고
생 각의크 기 는 인생의 크기를 결정하 네
부정적인생각을 하는사람은 부정적인 삶을살 고
긍정적인생각을 하는사람은 긍정적인 삶을사 네
생 각이닫힌사 람 답답한 인 생을 살 고
생 각이열린사 람 창조적 진취적인삶을사 네

주의 사랑으로 살아가리 7

C
여자

작사 & 작곡 이순희
♩= 86
주의 사 랑으로살아 가리 주의 능 력으로살아 가리 험하
고 힘든길이라 해도 주와 함 께달려나 - 가리 (주의)
비록좁은길이라 도 주와함께걸어가 면
모든욕심물리치 고 열매맺는삶을사 네
주 와 함께 라면 그 어디 라도 좋아
주 와 함께 라면 그 어디 나천국 이네
주의 사 랑이나를강 권해 주의 능 력이나를강 권해
주의 동 역 - 자로우 뚝서 주의 복 음전하며 - 살리

8 하늘의 보고를

작사 & 작곡 이순희
♩= 80
하 늘의 보 고 를 여는비결은 기 도
하 늘의 기 쁨 을 얻는비결은 찬 양
깨달음의 문을 여는비결은 기도 기도라 네
하늘의기 쁨을 맛보는비결 찬양 찬양이라 네
우 리 모 두 능력기도로 육의생각내려놓 고
전 심 으 로 찬 양 하 - 여 주의마음감동시 켜
하 나님 예비하 신 축복누리며 살 고
날 마다 승리하 여 주님의뜻이루 세

가릴 수 없는

9

보라! 행복한 주의 종들을 (김용재)

작사 김용재
작곡 이순희

♩= 74

가릴 수없는 하늘을 내손 으로 - 가리려하 고

주님 과멀어 지 는 길 을 내 발로 - 걸 었 네

나 로가득한 내삶에 주 계실곳 없 어

나 를바라보시 는주님 눈 감고외면했 네

백 - 합의 향기가 가 득 한 순결의길 로

내 - 손을 붙잡고 이 끌 어 주신주 님

푸른 솔내음 가득넘 치는 예배 - 와 찬 양

내영 을깨 - 우 고 깨 워 소 생케 - 하 셨 네

10 나의 욕심

작사 & 작곡 이순희

♩=80
Am Am/C E Dm E
나 의욕심 끝 이 없지만 참 만 족얻지못하 네
Dm Am/C Dm Am/C Am E/G# Am
온갖수단과 방 법 으로도 내 영 혼채울수없 네
Am Dm/F E F E/G#
허 전한마음으로 공허한 마음 으 로 낙심하고 쓰러졌을때
Am E/G# Am Dm/F E /G#
내 영 혼 한 계 에 부 딪혔 을 때
Am E/G# Am Dm/F E/G# Am
더 이 상 살아 나갈 힘 이없 을 때
Am E/G# Dm/F Am Dm/F Am/C Dm E
나의 주님 내마음의문 두드리시며 말씀 하시 네
Am E/G# Dm/F Am Dm/F Am E/G# Am
사랑 하는 나의자녀야 내가 너와함께 하 리라
Am /C E Dm E
내마음의문 열 어주를모시니 내 욕 심사 라졌 네
Dm Am/C Dm E E/G# Am E/G# Am
주님안에서 참 만 족얻었네 참된평강누 리 - 네

내 안에서 역사하는 11

작사 & 작곡 이순희

♩= 90
내안 에서 역사 하는 미혹 의영 속이 는영
거짓 의영 인 어둠의영을 분별 하여 몰아 내세
정신 차리고 믿 음과 사 랑의호심경 붙 이고
구 - 원의 - 소 망의 투 구를 쓰 자
하나 님의 전신 갑주로 무장 하여 어둠 의영
물 리치 고 진리 안에서 자유 한삶 살아 가세

12 내가 입을 열지 않을 때

시 32:3-5

작사 & 작곡 이순희

♩=76
Am Am/C Dm E E/G♯
내가 입을열지않을때 종일신음함으로 내 뼈가쇠하 였도 다
Am Am/C E Dm E Am
주의 손이주야로 나를 누르시오니 내 진액빠져여름가뭄 에
Am Dm/F E Dm E E/G♯
마름 같 이되었도 다 내 가이르기 를
Am E/G♯ E Am/C Am E/G♯ Am E/G♯
내 허물을여호와께 - 자복 하리라하고 - 주 께 내죄를숨기지아니하였더 니
Am E/G♯ E Am/C Am E/G♯ Am E/G♯ Am
곧 주께서내죄악을 사하셨 나이다 - 주는 나의피난처되시네은신 처
Am B° C Dm C Dm E E/G♯
환난 에서날보호하시고 구원의 노래로 날 두르셨 나이 다
Am C/G F C/E Dm E Am
나 이제주님앞에 - - 자복하고회개하여 진리안에자유하 네

말씀은 미숙한 우리를 13

C
여자

작사 & 작곡 이순희
말씀은미숙한 우리를온전케하며 선한일에 온전케하시 네
세상의모든시작과 끝 알게하시고 우리인생 목적알게하시 네
말씀 의 빛을받아 죄를깨닫게하고 회 개하게 하시는 주
말씀 의 빛 을받아 정결 케되고 행복한삶살게하시 네
말씀이 육신되어 오 신 주 나의죄를사해주셨 네
영원한천국보게 하 시 네 우릴천국시민만들어주 네
말씀의인도로 살아가는사람은 참된행복 누리며사 네
세상의모든시작과 끝 알게하시고 기름준비 하 게 하 시 네

14 말씀의 빛이

작사 & 작곡 이순희

♩= 90
말 씀 의 빛이 비 추어 지면 내안 의죄 가 살아나네
내 속 사 람은 하 나님 법을 즐거 워하 지 만
내 지 체속에있는 한 다른 법이 내마 음의 법과 싸워
내 지 체속에있는 죄의법 으로 나를사로잡는것 보는도다
오 -호라 나는 곤고 한 사 람 이 로 다
이 -사망의 몸에 서누 가 나 를 건져 내 랴
탄식 하며 주만 의지 할때 주님 내 게 자 유 주셨 네
거 룩 한 말씀 성 령의 법이 나를 해방 시켜 주 -셨네
말 씀 의 빛이 비 추어 지니 나는 이제 자유 해

내적치유

상처로 인한 망상

15

C
여자

작사 & 작곡 이순희
♩= 90
Am Dm/F E Dm E E/G♯
상처 로인한 망 상 은 인생을 뒤엉키게 해
Am Dm/F E Dm/F E/G♯ Am
헛된 생각 실없 는생각 망령된생각 망 상
Am Am/C E Am/C E E/G♯
우 리는 망상 깨뜨리기위해 생각의 출처 분 별 해야해
Am Am/C E Am/C E E/G♯ Am
우 리는 망상 깨뜨리기위해 듣고있는음성 분 별 해야해
Am B° Dm Am/C E Am/C Dm E
내안에망상이 있음을 인정하고 주보혈의지하 여
Am B° Dm Am/C E Am/C E E/G♯ Am Am/E
말씀의지하여 내 생각 깨뜨리고 주님께부르짖으 세
Am Dm/F Am/C Dm E Dm/F E
우리 모두 헛 된 망 상 대적하여승리하 - 세
Am Dm/F E Dm E Am
망상 에서 깨 어 나서 참된평강누 리 세

16 성령으로 아니하고는

성령

작사 & 작곡 이순희
♩= 100
Am B° Am/C B° Am/C F E
성 령으로아니 하고 는 예수 를 주라 시인 할수없네
5 Am B° Am/C E Am/C E Am
성 령으로아니 하고 는 죄의 문 제 해결할 방법없네
9 E Dm Am/C Dm E
성 령으로아니 하고는 주가 예비하신축복 받 지 못해
13 E F Am Am/C E Am
성 령으로아니 하고는 주님 의말씀 깨닫 지 못해
17 E F E Dm E
성 -령의 인도받 아 천 국을소유하 네
21 E F E Dm E Am
성 -령의 인도받 아 문 제를해결받 네
25 Am B° Am/C B° Am/C F E
성 령으로인도 받 - 아 주 - 님 예비 하신 축복받네
29 Am B° Am/C E Am/C E Am
성 령으로인도 받 - 아 하나 님 의 말씀깨닫 게 되네

세상과 벗이 되어 17

C
여자

작사 & 작곡 이순희
♩= 74
세 - 상과벗 이되어 살 아가 던 나
참 - 만족얻 으려고 집 착했 던 나
많 - 은것을 취해도 만 족없 던 나
허 - 무함과 절망이 나 를감 쌌 네
모 든것 - 포기하 고 낙 심하고있을 때
인 생의 - 벼랑끝에서 만 나주신나의 주
세 상의헛 된 것 바라보던나 에 게
하 늘의것 위의 것 바라보라하 시 네
나 - 이제해 방됐네 주 의사랑으 로
나 - 이제주 안에서 참 만족 얻었 네

18 수많은 사람들이 보화를

작사 & 작곡 이순희
♩= 80
Am Am/C Dm E
수 많 은사람들 이 보화 를 찾는다 네
Am Am/C E Dm E Am
자기 지식을통 해 사 업통 해 친구 를 통해 - 찾 고
Am B° E Dm E Am
어떤 이 는명예와물질을통해 보물 을 - 찾는다 네 (수)
Am E/G# Am Dm/F Am Dm/F Am E/G#
보화를 찾으면 찾을수록 공허 와 고독이 찾아오 네
Am Dm/F E Dm E E/G#
내 인생 최대의발 견 십 자가 발 견
Am Dm/F E F E/G# Am
날 위해 십자가지 신 주 사랑 발 견
Am Am/C Dm E
그사 랑 발견 할 때 참된 만 족누 리 네
Am Am/C E Dm E Am
그 놀라운사 랑 깨달을 때 참된 행 복찾게 되 네

우리가 고난 당할 때

19

작사 & 작곡 이순희
♩=76
우 리가 고난 당할 때 피할길을내 시 는
사 랑의 내하나님 나와함께하 - 시 네
나의모든고집 깨뜨리시려 불같은시 험 허락하시네
나의모든교만 꺾으시려고 인생의벼랑끝에 세우시는주
하나님이 예비 하신축복주시려 나의모든이론을 무너뜨리네
하나님이 예비 하신축복주시려 불같은시험으로 연단하시네
성 령님 내안 에 계 셔 착한일을시작하셨 네
고 난이 유익 되어 자유한삶살아가 네

20 위장에 능한 거짓의 아비

영적전쟁

작사 & 작곡 이순희
♩= 90
위 장에 능 한 거 짓의아비 사 탄
하 와의 과일 도 노 - 아의포도주 도
게 하시 의 은 과옷 유 다의돈주머니 도
모 두다 가지고있네 우 리를미혹하려 고
모든사람입에맞는떡 모든사람 발에맞 는 구 두
어둠의영준비하고 있 으 니 위의것을바라보 세
마 귀의 유 혹 분별하여물리 치 고
주만바라 봄으 로 승리하며살아가 세

인생 최대의 발견 21

작사 & 작곡 이순희

♩= 70
Am Dm/F Am Dm/F E E/G♯
인생 최대의- 발견 위대한발견- 복음의능력 발견합시다 -
Am Dm/F Am Dm/F E/G♯ 1 Am 2 Am
자신에대해 - 절망 절망하면서- 예수로인해소망케하네 - -
Fine.
E Dm Am/C Am Dm/F E
복음 의 능력 발견 합 시다 복음의능력 발견 해
E F E/G♯ Am Am/C Dm Am/C E Am Am/C
주님 주신능력으로 육신 의생각깨뜨리고 하늘 의것 바라 보면 서
Dm Am/C Am Dm/F Am Dm/F E
복음 이 만드는- 자유와기쁨 - 하늘의 평강누리 며
Dm Am/C Am Dm/F Am E/G♯ Am Dm/F Am E/G♯ Am
믿음으로 - 복음의능력 발견하여 - 승리하며살아갑시 다
D.C.

22 죄로 인해 쌓인

작사 & 작곡 이순희
♩=78
죄 로 인 해 쌓 인 내안의독 은
내 영 혼 에 미움다툼 시기질투키 우 고
성 령으로인 해 충만한 내 안의기 쁨 은
내 삶을채 우 고 기쁨을 유통하며살아가 네
마 음에 독이가득하 면 독한삶을살 지 만
마 음에 사랑충만하 면 사랑하는삶 살게 되네
이 제 는 마 음 을 깨끗하게하 고
생 각 과 입 술 지켜 마음천국누 리 네

하나님이 기뻐하시는 금식 23

사 58:6-9

작사 & 작곡 이순희

♩= 70

Am Dm/F Am/E Am/C Dm E Am/C E
하 나님이 기뻐하시는 금 식 흉악의 결박 풀어주 며

Am Am/C Dm Am/C Dm E Am
압제당하는자 자유케하며 모든멍에꺾는것이 네

Am Am/C Dm E E/G♯
주 린자에게 양식나누어주며 유리하는빈민집에 들이 며

Am Am/C Dm E Am Am/C
헐 벗은자보면입히 며 도움필요한친척 외면하지않고도와주 면

E Am/C Dm E Am/C E
네 빛이새벽같이 비칠것이며 네 치유가급속할것이 며

E Am/C Dm E Dm/F Am Am/C E Dm E Am
네 공의가네앞에행하 고 여호와의 영광이 네뒤에호위 하 리 니

Am Dm/F Am/E E Am/C Dm Am/C E
이 웃사랑 실천하며하는금식 을 주님기뻐 받으시 네

Am Am/C Dm E Am/C Dm Am/C E E/G♯
네가부를때 내가응답하고 네가 부르짖을때 내가여기있다하리 라

Am Am/C Dm E Dm E Am
응답받는기도 십자가사랑 전하여 열매맺으 리

24 허물의 사함을 받고

시 32:1-5
작사 & 작곡 이순희
♩= 74
허물 의사함을받 고 자신의죄가 가려진자는 복이있도다
마음 에간사함없 고 여호와께 정죄를당하지않는자 복이있도다
내 가입을 열지아니할 때 에 종일신음 함으로
내 뼈가 쇠하 였도다 주 의손이 주야로
나를누르시오니 내진액이빠져여름 가뭄에마름같이 되었 나 이 다
내가이르기를 내 허물을여호와께 자복 하리라하 고
주께 내죄를아뢰 고 내 죄악을숨기지 아니하였더니 곧 - 주께서
내죄 를사하셨나이 다 주 - 께서 내죄를사하셨나 이 다

거칠고 험한 인생길

작사 & 작곡 이순희

♪ = 86
거칠 고험한인생길 가는동안 지치 고힘든나 날 들 - 내생
각과내뜻만을 고집하며 고단 한인생길걸 었 네 - 거칠
네 - 인생 의벼랑끝에서 만나주신나의하나님나의주 님 - 모든
것내려놓으라 말씀하시네 주만 바라보라하 시 네
나 이제 피곤치않네 나 - 이제 곤비치않네
여 호와 나의주님을 경 외하며 살아가리라
피곤한자에게 능력주시고 무능한자에게 힘을주시네
독수리날개쳐 올라감같이 걸어도달려도 피곤치않네

26 나를 능하게 하신 주

딤전 1:12–15

작사 & 작곡 이순희
♩= 80
나를능 하게 하신주 예 - 수 - 그리스 도
미쁘다 모든 사람이 받을만한이말이 여
예수그 리스도 우리주께감사함 은 나를충성 되이여 겨
그리스 도예수 께서죄 - 인을구 원 하시려고 세 - 상 에
내게직분을 맡기심이니 내가 전에 는 비방자요
임하셨도다 임하셨도다 죄인 중에 내 가괴수요
박해 자요 폭행 자였으 나 도리어 긍휼을
그 - 러나 내 - 가긍 휼 을 입 - 은 까닭은
입은 것은 내 가 믿지아니 할 때에행함 이 라
예수 께서 내 게 먼저오래 참 으심을보 이 사
우 - 리주 의 은 혜 가 그리스도예수 안에있는
후 - 에주 를 믿 는 자 에게본이되게 하심이라
믿 - 음과 - 사랑과함께 넘치도록풍성하 였 - 도 다
영 - 원하신 왕 - 썩 - 지 아니하고보이지 아니하 고
나를능 하게 - 하신주 예 - 수 그리스 도
홀로하 나이신 하나님 나 - 의 하나님 께
우리주 의동역 자 - 되어주의사 랑 전 - 하며 살아가 리
존귀와 영광이 영 - 원무궁하도 록 있을지어 다 - 아 멘

내 영혼의 곤고함

작사 & 작곡 이순희

♩= 80
D A/C♯ G/B A/C♯ D
내영 혼의 곤고 함 무엇 으로 채울 까
5 D A/C♯ G/B A/C♯ D
세상 의그 무엇 도 채우 지못해곤고 해
9 D Em D/F♯ G G/B D A/C♯ D G/B A
내영혼 곤 고 함 오 직 주만 채우시 네
13 D Em D/F♯ G D/F♯ Em A/C♯ D D/F♯
내영혼 빈 자 리 하나님의 영으로채워지 네
17 G D/F♯ G D/F♯ A D/F♯ G A D/F♯
우리 모두 예배우선 말씀우 선 찬양우선의 삶을살 아
21 G D/F♯ G D/F♯ A G/B A/C♯ D
하나 님이 채우시는 참된만 족 기쁨누리 겠 네

28 믿음의 눈으로

작사 & 작곡 이순희

♩= 100
믿음 의 눈으로 세상 을 보 면 이곳도 천국 이 네
내주 예 수를마 음에 모 신 자 그어디나천국 이 네
참된 믿 음으로 이땅 에 서 도 천국을 누리다 가
육신 의 장막집 벗은 후 에 는 영원한 천국에사 네
천 국은 여기있다저기있다 아니라 우리의 마음에있네
천 국은 먹고마시는것아니 요 오직성 령 안에서
의와평강희락 의와평강희락 의와평강희락 이 라
믿음 의 눈으로 세상 을 보 면 이곳도 천국 이 네
내주 예 수를마 음에 모 신 자 그어디나천국 이 네

성령의 뜨거운 불

작사 & 작곡 이순희

♩=76
D Em A/C# G/B D Em A/C#
성 령의뜨거운불 성령불 - 나의 모든 문제태워주 시 네
G A A/C# D G/B A D
지금도내안에서 역사 하시는 놀 라운성 령의 능 력
D Em A/C# G/B D Em A/C#
성 령이거하시는 성전된 - 나의 몸과 마음거룩하 게지켜
G D/F# A G A D
주님을기쁘시게하여 하나 님의 마음 시 원 케 하 네
D Em D G/B A D/F#
보혜사성령이 내안에 - 내 안 에 서일하 - 시 면
D Em D G/B A A/C#
난모든것을알 게 되네 - 성 령 이 알 게하 - 시 네
D Em D Em D A/C#
깨 닫 게 하시네 성 령님 주님의말 씀 을
D Em D/F# G A D
깨 닫 게 하시네 성 령님 하 나 님사 랑 을
D Em A/C# G/B D Em A/C#
성 령님나를강권 하시니 - 나는 주의 복음전하며 사 네
G A A/C# D G/B A D
성령의놀라운은혜 함께 하시니 진 리안에 자유 하 네

D 여자

30 성령의 불은

성령

작사 & 작곡 이순희
♩= 72
성 령의불은 치료의불 회복의 불 소멸의 불
성 령의불은 열 정을깨우는 불 능력의 불
Fine.
성 령의불이임하 면 모 든죄소멸케되 네
치 료의불이임하 면 모 든병태워지 네
치 료의 불 은 열 정을품게하 네
육 체의 질병 치유하 고 역전의인생살게하 네
치 료의불은 - 입술을태워 찬송하며살게하시 네
치 료의불은 - 상처를태워 진리안에자유케하 네
D.C

십자가 지셨네

작사 & 작곡 이순희

♪=90
D Em D/F# G G/B A
십 자 가 지 셨 네 물 과 피 쏟 으 시 고
D Em A/C# Em G A D
십 자 가 지 셨 네 나 의 죄 사 하 셨 네
D A/C# Bm G A D/F# A
나 를 위 해 흘 리 신 그 보 배 로 운 피 가
D A/C# Bm G A D
나 의 죄 를 대 속 해 자 유 케 하 셨 네
D Em D/F# G A D
나 를 나 보 다 더 사 랑 하 시 는 주
D Em D/F# G A D
나 의 인 생 길 을 책 임 지 시 는 주

32 십자가에서

십자가

작사 & 작곡 이순희
♩= 100
십자 가 에서 피흘 려 주신 그손 못 자국 만져 라
힘들 고 지쳐 방황할 때에 그손 못 자국 만져 라
Fine.
라 나의 주 나의 주 나를 위해물과피쏟으셨 네
나의 주 나의 주 나를 위해십자가에못박 히셨네
못 자국 만 져라 못 자국 만 져라
그손못 자국 그손못 자국 못 자국 만 져 라 (나의)
D.C.

예수님의 사랑의 시선이 33

작사 & 작곡 이순희

D
여자

♩= 76
D D/F# A G A D/F#
예 수님의 사랑 의 시선이 나에게 멈 출 때
D D/F# A G A A/C# D
예 수님의 사랑 의 발걸음이 나에게 멈 출 때
D D/F# D A/C# G/B A
내 안의깨달음 의문열리네 회 개의영부어 주시네
D D/F# D Em A/C# D
주 의사랑의빛 나를감싸네 내 영혼참만족 얻었네
D Em D/F# G A
사 랑의 나의 주 능 력의 나의 주
G A A/C# D
나 의삶 속에 서 일 하시는나의 주
D D/F# A G A A/C# D
나의모든질 병을 고쳐주시고 문제해결하 셨 네
D D/F# A G A A/C# D
날 마다주 님께 발 견 - 되어 승리하기원 하 네

34 예수님이 흘리신

작사 & 작곡 이순희
♩= 100
D Em D/F# G A D/F#
예수님이흘리신 십자가의피 나 의모 든상 처씻 었 네
5 D Em D/F# G A A/C# D
예 수님 이흘 리신 십 자가 의피 나를새 롭게 하 셨 네
9 D Em D/F# A A/C#
결 코내 겐정 죄함 없 네 성 령의 생 명의법 이
13 D Em D/F# A A/C# D
죄 와사 망의 - 법 에 서 나를해 방시 켜주 셨 네
17 D G/B D Em G A
나 의모든죄 사 하신 주 나 의 모 든상 처 씻 으신 주
21 A G/B D Em A/C# D
나 를새 롭게 변 화시 킨주 주 님 나 와함 께 하 시 니
25 D D/F# G A D/F#
나 는 이 제자 유 해 나 는 이 제행 복 해
29 D Em D/F# A A/C# D
진 리 안 에자 유 해 오 직 주 만찬 양 해

우리 모두 고난의

작사 & 작곡 이순희

♩= 86
D A/C# G/B D Em A/C# D
우 리모 두 고 난의 유 익발견하 고
D A/C# D A/C# D D/F#
고 난을 뚫고나 오면 정 금같이되 네
A G D/F# G A
진 리를만난고 난 생 명 이 되 고
A D/F# G A
은 혜를만난고 난 겸 손 이 되 며
G D/F# A A/C# D D/F#
능 력을 만난고 난 지 혜 가 되 네
G D/F# G A A/C# D D/A
사 랑을 만난고 난 진리안에자유하 네
D A/C# G/B D Em A/C# D
고 난속 에 감 추인 축 복발견하 여
D A/C# D A/C# D
하 나님 의뜻 깨 달아 살 기원-하 네

36 우리의 낮아짐은

작사 & 작곡 이순희

♩= 90
D D/F# G D/F# G A
우 리의 낮아짐 은 하 나님역사의시 작
G D/F# A A/C# D D/A
우 리의 깨어짐 은 하 - 나님치료의시 작
D Em D/F# G A
우 리 가 고난가운데 겸 손 하 고
D Em D/F# G A A/C# D
하 나님의 징계가운데 약 함을인정하 면
D D/F# G D/F# Em A/C# D D/F#
하 나님 의보호 와 하나님의 영으로 채워지 네
G D/F# A A/C# D
그누구도두렵지않 은 인생으로변화된다 네

주께 맡기세

37

작사 & 작곡 이순희

♩= 80
D Em D/F♯ A A/C♯ D D/A
주 께맡 기 세 주 께맡 기 세
D Em Am/C♯ D G/B D Em A/C♯
주께맡기세 주께맡기세 근심걱정무거운짐 주께맡기세
D Em A/C♯ D G/B A A/C♯ D
주께맡기세 주께맡기세 우리삶의모든문제 주께맡기세
D D/F♯ G A A/C♯
나의모든 무거운 죄 맡아주신 나의 주
D D/F♯ G A A/C♯ D D/A
나의삶의 주인되 어 나를인도 하시 네
D Em D G/B D A/C♯
나 -이제 기뻐하 네 나 -이제 자유하 네
G D/F♯ A A/C♯ D
주께맡긴 내인 생 진리안에 자유하 네

D
여자

38 살아가는 이유 모르고

보라! 행복한 주의 종들을 (이광호)

작사 이광호
작곡 이순희

♩= 76

살 아 가는이유 모 르고 목적 도없고 소망도없 이

헛 된 삶을살며 공 허한 삶을 살 아 왔 네

세 상의 것으 로 채 워 보려고 발버둥 쳤지만

채 워지지않았 던 공 허 한 나 의 삶

그 -러나 주님을 만난후 참된 만족 얻었 고

진 -리안 에서 나 자유 케 되 었 네

나 이제살아가는 이 유를 확실 하게깨 닫게되었 네

오 직 소망되신 주 님만 찬양 하며영광돌 리 리

아름답고 신실하신

작사 & 작곡 이순희
♩= 60
아 름 답고 신 실 하신 사 랑의 하나 님
온 유 하고 겸 손 하신 능 력의 하나 님
이 세상의 모 든것을 아름답게만드시 네
거 짓 을 참된것으로 악함을 선한것으 로
아 낌 없는 사 랑 으로 끝 없는사랑으 로
한 량 없이 품 으 시네 십 자가 보혈 로

40 하나님의 통치를

작사 & 작곡 이순희

♩= 82
Bm Bm/D Em F♯
하나 님의 통치 를 받 는사 람 은
하나 님의 보호 를 받 는성 도 는
Bm Bm/D Em F♯ Bm Bm/D
주님 의품 안에 서 평 안누 리 네
주님 의사 랑으 로 기 쁨누 리 네
F♯ Em Bm/D Em F♯
인 생의 주권 을 하 나님께맡기 세
F♯ Em Bm/D Em F♯ F♯/A♯ Bm
사 랑의 하나 님 나 를보호하시 리
Bm Em/G Bm/F♯ Em Em/G F♯
거친 풍랑 도 이기게 하시는 나 의하 나 님
Bm Em/G F♯ Bm F♯ Bm
주님 의품안에 참 된 평안과 기 쁨누 리 네

하나님이 예비하신

41

작사 & 작곡 이순희

♩= 66
하 나님 이 예비하 신 가나안땅들어가 세
하 나님 은 우리에 게 출애굽의은혜허락 하시네
생 각의출애굽 습 관의출애굽 태 도의출 애 굽
근 성의출애굽 언 어의출애굽 이 루어주 시 네
우 리모 두 출애굽 의 은 - 혜를구 하 며
진 리안 에 자유한 삶 행복한삶살아가 - 세
D
여자

42 행복한 인생을 꿈꾸는

작사 & 작곡 이순희

♩= 80

Bm F#/C# Bm/D Em F#

행 복 한 인생 을 꿈 꾸 는 수 많은 사람 들
부 유 한 인생 을 원 하 는 수 많은 사람 들

Bm F#/C# Bm/D Em F# Bm Bm/D

행 복 찾 아세상을 헤 매 며 살 아간 다 네
헛된 욕 심찾 - 아 헤 매 며 살 아간 다 네

F# Em/G Bm Bm/D Em F#

그 - 러나 세상 에선 참 된행복찾지못 해
그 - 러나 세상 에선 참 된만족찾지못 해

F# G Bm Bm/D F# Bm

깨 - 어진 마음 으로 좌 절과고통 느 끼 네
가 - 난한 마음 으로 결 핍과슬픔 느 끼 네

Bm F#/C# Bm/D Em F#

오 직 성 령의 인도 받 을 때 행복한삶 살게되 네

Bm F#/C# Bm/D Em F# Bm

충만 한 성령의능력 임 할 때 부유한삶 시 작되 네

가장 부요한 인생

작사 & 작곡 이순희

가장 부요한인 생 사랑의 통치를 받 는 삶
가장 행복한인 생 사랑과 능력이 충만한인 생
주 의사랑이 머무는 곳에 회복과 평안임하 고
주 의능력이 충만한 곳에 열정과 기쁨넘치 네
사랑의하나님 주의크신사랑 내게도 부어주소 서
능력의하나님 주의크신능력 내게도 부어주소 서
주님 주신사랑으 로 영적풍요 누리게 하 소 서
주님 주신능력으 로 영혼을 살리며 살게하소 서

44 낙엽은 바람을

작사 & 작곡 이순희

♩=74
낙 엽은 바람 을 탓하 지않는다 오
떨어져야할그 때 바람 이분 것일 뿐
아 무리 세찬바람이 불 어온다해 도
늘 푸른 잎사귀 는 떨 어지지않 네
우리의내면이 깨끗해지면 심지가견고하여 흔들리지않네
우리의믿음이 견고히서면 무슨독을마셔도 해를받지않네
모 -든것을 합력하 여 선 을이루시는 주
내 -인생의 운 전 대 주 께내어드리 네
말 씀의빛을받 아 어둠 을물리치 고
정결한영혼으 로 주님 의뜻 이루 세

내가 여호와를 항상

작사 & 작곡 이순희

내가 여호와 를 항상 내앞에 모심 이 여
그가 나의오른쪽에계시니 나 는 흔들리지 않 네
주 의사랑의 손길 - 나 를감싸주시 네
주 의따뜻한 음성 - 사랑한다말씀하시 네
주의 큰능력과 펴신 팔로 나를 품에 안아 주시 네 -
따뜻 한주님의 펴신 팔로 나를 감싸 주시 네
주의 팔에 주의 팔에 한없 이넓 고 크신 팔에
권능 의팔에 능력 의팔에 주님 의팔 에안기 세

E
여자

46 눈물없는 곳

작사 & 작곡 이순희

♩= 80
눈물없는곳 슬픔없는곳 아픔없는곳 천국
사랑있는곳 행복있는곳 찬양있는곳 천국
육신의 장막 집 벗으면 손으로 짓지 않은집
하나님 지으 신 영원한집 우리를 기다 리 네
눈 물없는 곳슬픔없는 곳아 픔 없는곳
사 랑넘치 고행복넘치 고 찬 양 넘치는곳
그곳 에살리 아름다운곳 영원한천국 에서
그곳 에살리 아름다운곳 아버지집 에 서

두려워하지 말라

작사 & 작곡 이순희
♩= 100
두려워 하지 말 라 내가너와함께함이 라
너는놀라 지말 라 나는네하나님됨이 라
내가너를 굳세 게 하리라 참으로너를 도와주리라
참으로나의 의 로운오른손으로 너를 붙들리 라
영원하신주의 팔 - 나를잡아주시 네 -
험한세상가운 데 - 길을잃고헤맬 때 -
주의지팡이막 대 기 나를안위하시 네 -
내가어딜가든 지 - 나를지켜주시 네 -

48 망상에 빠져

보라! 행복한 주의 종들을 (김현국)

내적치유

작사 & 작곡 이순희
♩= 70
망상에빠-져 현실과동떨어 진 나 의 삶
헛된 생각에 빠져 방황하며 불안한 나 의 삶
더 이상 나 자신을 믿지못 해 무기력에 빠졌 네
그 러나 나의주 님 은혜의 자리로날인도 하시 고
말 씀의 빛을비 춰 망상의 늪에서건져주 셨 네
나이제하늘의 소망을품-고 부르 심 따 라
잠재 력을개발 하여 열-정을 품고살 아 가 리

보배되신 나의 주님 49

고후 4:7-9 / 롬 8:34-36

작사 & 작곡 이순희

♩= 70
보 배되신 나 - 의주님을 질그릇에모시고 -
인생의운전대 내 어드 리니 - 사방으로
우겨쌈당하여도 - 쌓이지않 네 -
답 답한 일을 당 하여 도
낙 심치 않 네 박 해받 아 도
버린바되지않 네 거꾸러뜨림을 당하여도
망 하지 않 네 흔 들리지않 네
누 가우리를 그리스도 의 사랑에서 끊으리요
환 난곤고나 박해나기 근 적신위험 칼 - 이랴
이 모든일에 예수의사랑으 로 넉넉히 이 기네

E
여자

50 예수 안에 있는 자

작사 & 작곡 이순희
♩= 80
E♭ E♭/G Fm A♭ B♭
예 수안 에 있 는자 결 코정 죄 함 없네
E♭ E♭/G Fm B♭ B♭ /D E♭
예 수안 에 있 는자 진 리안 에자유하네
E♭ Fm B♭/C E♭
예 수안 에 있 는 나 에 게
E♭ Fm B♭/D E♭
근 심걱 정 없 네 자 유 해
E♭ Fm B♭/D E♭ /G
거 친풍랑에 도 험 한골짜기 도
A♭ B♭ B♭/D E♭
두 렵지 않 네 절 망치 않 네 –

예수의 흘린 피

작사 & 작곡 이순희

♩= 100
E♭ Fm E♭/G A♭ B♭ A♭ B♭ /D
예 수의흘 린 피 험한십자 가 에서쏟 으신 피
5 E♭ Fm E♭/G A♭ B♭ B♭/D E♭
예 수의흘 린 피 모든죄를 사하고 생명주셨 네
9 E♭ B♭/D E♭ Fm A♭ B♭
나 의죄 를 씻어주시네 나 를성결케 하 시 네
13 E♭ E♭/G A♭ B♭ E♭
나 를새롭게 하 시 네 영 원토 록 내 할 말
17 E♭ Fm E♭/G A♭ B♭ E♭
예수의피 예수의피 예 수 의 피 밖 에 없 네
21 E♭ A♭/F Fm E♭/G A♭ B♭ E♭
내죄사해주시네 나를정케하시네 나의죄속하 시 네
내죄사해주시네 나를변화시키네 나를새롭게 하 네
25 E♭ A♭/F Fm E♭/G A♭ B♭ E♭
내게평안주시네 내게능력주시네 영원토록찬 양 해

52 우리는 영적싸움에서

영적전쟁

작사 & 작곡 이순희
♩= 74
우리 는 영적싸움 에서 - 승리 하 는 만 큼
는 영적싸움 에서 - 패배 하 는 만 큼
의와 평 강 희락 을 누 - 리 며살아가 네 (우리)
어둠 에 사 로잡 혀 고통 중 에살아가 네
어둠에묶인영혼 미움분쟁절망 두려움느끼며 살아가 네
십자가사랑으로 미움을이기고 십자가소망으로 절망이기고
십자가의화평으 로 분쟁이기 고 십자가의 용 기 로
두 려움 이 기고 십자가의겸손으로 교만이기며
십자가의 - 지 혜로 무 지 이 기 네
우리 모두 영적싸움 에서 - 승리 하 여 천 국
의와 평 강 희락 을 누 - 리 며살아가 세

주 보혈 주 보혈

작사 & 작곡 이순희
♩= 80
주 보혈 주 보혈 주 보혈 에 능 력있 네
십 자가 십 자가 십 자가 에 능 력있 네
그 가찔 림은 우 리의 허 물때 문 이 라
그 가상 함은 우 리의 죄 악때 문 이 라
그 가 징 계를받음으 로 우리는평화를누 리 고
그 가 채찍에맞음으 로 우리는나음을입었도 다
예 수 내 주예수 나 를위 하 여
예 수 내 주예수 십 자가 에못 박히 셨 네
십 자가에서 흘리신피로 내모든죄사해주셨 네
나 의모든결박 푸 셨 네 물 과피쏟으 셨 네

54 주님이 보여주신 나의 꿈

작사 & 작곡 이순희

♪ = 86
Eb Fm Bb/D Fm Bb/D Eb
주 님 이 보 여 주 신 나 의 꿈 이 루 어 지 네 -
5
Eb Fm Bb/D Fm Bb/D Eb
주 님 과 동 행 하 니 나 의 꿈 이 루 어 지 네 -
9
Eb Fm Eb/G Ab Eb/G Bb Bb/D
세 상 사 는 동 안 거 친 풍 랑 에 도 -
13
Eb Fm Eb/G Fm Bb/D Eb
주 가 보 여 주 신 꿈 을 바 라 보 며 -
17
Eb Fm Eb/G Ab Bb Eb/G Fm Bb/D
믿음으로 달려나 가 니 앞길환 하 게 보 이 네 -
21
Eb Fm Eb/G Ab Bb Bb/D Eb
주님나 와 동행하 시 니 내 꿈 이 루 어 지 네 -

진리를 알지니 55

요 8:32

작사 & 작곡 이순희

♩= 90
진 리 를 알 지니 - 진리가 너희를 자유케하리라
주는영이시니 주의영이 - 계신곳에 자유함있 네
하나님의영은 묶는영아니요 푸는영 이 라 네
우 -리모 두 치료의 하나님이공급하시 는
무 -한한 능력 - 무한한 지혜 - 무한한 사랑누릴때
우리의인생은 한계없는 - 자유를 누리게되 네
모든상황속에 자유를누리며 행복한 삶을사 네

E
여자

56 참된 평안을

작사 & 작곡 이순희
♩=76
참된평안을 얻기위하여 - 오직주만 바라 보리라
세상의모든것 - 다가진다해도 - 참 된평강누릴수없 네
우리안에있 는 영혼의빈자리 - 오직주만채울수있 네
사랑 - 내사랑 주님이여 나의 영 혼채워주소 서
사랑 - 내사랑 주 님이여 성령 으 로채워주소 서
나 의인생길 - 가는동안에 - 오직주만 바라 보리라
내영혼만족케 채워주시 - 는 - 참된 평강누릴수없 네

큰 집에는 금 그릇과

57

딤후 2:20-21

작사 & 작곡 이순희
큰집에는 - 금그릇과 - 은그릇뿐아 니 라
나무그릇 - 질그릇도 있어 귀하게 쓰는것도 있 고
천하게 쓰는것도 있 나니 누 구 든 지
이러 한것 에 서 자기를 깨 끗하게하 면
귀 - 히쓰는 그릇되 어 주인쓰심에합당하 며
모 - 든선한 일 에 준비함이되 리 라
어둠에서 - 빛 으로 - 사망에서생명으 로
변화되어 - 빛 을발 하며 주신사명감당하며 살 리

E
여자

58 하나님이여 나를 도우사

작사 & 작곡 이순희
하 나님이여 나를도우사 내 속에정한마음 창조하시고
내 안에 정직한영을 새 롭게하여주소 서
나를 정케 하소 서 십자 가의보혈 로
내죄 사해 주소 서 십자 가의능력으 로
나를 위해 십자 가에 못박 히신- 예 수 님
모진 고난 당하 시 고 물과 피를- 쏟으신 주
그 보혈의 피 로 날 정결케 하 시 네
십 자 가 의- 능력으 로 날 새롭게 하시 네

영적전쟁에서

작사 & 작곡 이순희

♩= 76
Cm Fm Cm/E♭ G G/B Cm
영적전쟁에서 가 장 필요한능력 분 별의능력이라 네
5
Cm Fm Cm G Cm Cm/E♭
진리와비진리 선 과 악을분별하 는 분별의 능 력
9
G G/B Cm Fm G
하나님의영 과 어둠의영을 분 별한 다 네
13
G Cm/E♭ Fm G Cm Fm G
성 령의 표적 깨닫고 어둠의 죄악 멸한 다 네
17
Fm Cm/E♭ Fm G Cm Fm G
십 자가 의 능력 으로 모든죄악소멸하 고
21
Fm Cm/E♭ Fm G Cm G Cm
영 적전 쟁 승리 하여 사명감당하 겠 네

60 가나안 땅 귀한 성

작사 & 작곡 이순희

♩= 100
E F#m B B/D# E
가나안땅 귀 한 성 가나안땅 귀 한 성
E F#m E F#m B/D# E
들어가겠네 무거운짐벗 어 버 리고 가나안 땅
F#m E/G# A B E/G# B
죄짐벗고성 결 하고정결한 영 혼으로 거듭나 겠 네
F#m E/G# A B E/G# B A B E
이땅에헛된 욕심 벗어버리고 하 늘의것 구하며 살아가겠네
A E/G# B A A/C# B/D# E
나 - 들어가 리 수고하 고무거운짐 벗어버리고
A E/G# B A A/C# B/D# E
나 - 들어가 리 행복하고즐거운곳 고통없는곳

꺼지지 않는 불

작사 & 작곡 이순희

♩= 100
E
B
E
A
E/G♯
B
꺼 지지않는 불 성 령의불 성 령의 불이라 네
5
E
B
E
A
E/G♯
B
E
/G♯
우 리의영혼 의 성 령의불 성령의불붙여야하 네
Fine.
9
A
B
E/G♯
B
B/D♯
E
불 꺼진 성도 는 주를 기쁘시게할수없 네
13
A
B
E/G♯
B
B/D♯
E
/G♯
불 꺼진 성도 는 주의 축복을 받을수없 네
17
B
E/G♯
B
E/G♯
B
우리의마음의 제단위 에 성령의불을붙 여
21
B
E/G♯
B
E
우리의모든욕심 불태우 고 하늘의것바라보 세
D.C

62 나를 향한 하나님의 계획

작사 & 작곡 이순희

♩= 100
E F#m B E/G# A B
나를 향한 하나 님의 계획하심 깨달을 때
E F#m B E/G# B E /G#
고난중에도 환난중에도 기뻐하며 살아가 네
A E/G# B A B
우 리가 환난 중 에도 - 즐거 워 하나니 환난은 인내를
E/G# A B A/C# B B/D# E
인내는 연단을 연단은 소망을 이루는줄앎 이 라
E F#m B E/G# A B
환난 중에 나를 부르라 내가너를 건지리 니
E F#m B E/G# B E
고난중에도 즐거워하라 내가너를 도우리 라

사랑의 주님이

작사 & 작곡 이순희
♩= 80
E B/D# E B/D# E
사 랑의 주님 이 나 와함께하시 니
E F#m B/D# E /G#
나 는두려움없 네 결 코정죄함없 네
B E/G# A B E/G# B E/G#
사 랑 안 - 에 두려움 없네 하나님 주시는마 음
B E/G# E F#m B/D# E /G#
오 직 능력과 사랑과절제하는 마음 이 라 네
A A/C# E B/D# A/C# B
그 - 크신 사랑으로 - 끝 없는사랑으 로
A B E/G# B E/G# B E
나 - 를사랑 하신것처럼 나 도사랑하며 살아가 리
E B/D# E B/D# E
사 랑의 주님 이 나 와함께하시 니
E F#m B/D# E
나 는두려움없 네 결 코정죄함없 네

E
여자

64 성령이 임하시면 놀라운 역사

성령

작사 & 작곡 이순희
♩= 90
성 령 - 이 임하 시면 놀 라운역사일어 나 네
성 령 - 이 임하 시는 곳에 성 결의은혜임하 네
어 둠과거짓이 떠 나 며 모든더러움 이 깨끗케되네
성 령 이임 하시는 곳 에 는 고 통과 질병 떠나가 네
무분 별과 무질서로 혼탁한 영 혼성결케되 네
오직 주만 바라보며 진리안 에 자유 케되 네
성 령 - 이 임하 시면 놀 라운역사일어 나 네
성 령 - 이 임하 시는 곳에 성 결의은혜임하 네

여호와의 손이 짧아 65

사 59:1–2
작사 & 작곡 이순희
♩= 80
여 호와의손이 짧아 - 구원하지못하심도 아 니 요
귀 가둔 하 여 듣지못하심 도 아 니 라
오 직 너희의 죄악이 너희와 너희하나님 사이 를 갈라놓았고
너희의 죄가그의 얼굴을 가려 듣지않으시게함이 라
죄로 인해 하나 님과 막힌담 십자가로무너졌 네
예수 님이 십자 가에 서흘린피 나의죄를사하셨 네
예 수안에있는 자는 - 새 - 로운피조물 - 되었 네
하 나님 자녀 로 예비하신축 복 받게되 네

E
여자

66 영적전쟁 패배할 때

영적전쟁

작사 & 작곡 이순희

♩=90
E B/D# B E/G# F#m B/D# E E/G#
영 적전쟁 패배할때 - 땅에속한삶을사 네
5 B E/G# B A B E
은 혜와 감사를잊고 육의것에집착하 네
9 E A/C# B E/G# A B B/D#
우리 의영 깨어 날때 주를 볼수 있다 네
13 E A/C# B E/G# B E
믿음 으로 무장 하여 어둠의영 물리치 고
17 E B/D# B E/G# F#m B/D# E E/G#
영 적전쟁 승리하 여 거룩한삶살아가 세
21 B E/G# B B/D# A/C# B/D# E
감사 하며 충성다하여 주를위해살아가 세

예수 나의 좋은 친구 67

요 15:13-14

작사 & 작곡 이순희

♩= 90
예수 나의 좋은 친 구 예수 나의 좋은 친 구
사 람이 친구를위하여 자기목숨을 버리 면
이 보다 더큰사랑없나 니 너 희 는
내가 행하 는 대로행하면 곧 나의친구 라
우 리가 말씀 대로 행 하 며 열매맺고살 면
너 희는 내친 구라 주 님 말 씀 하 시 네
주 님이 기뻐하시 - 는 영혼들위해 죽도 록
충 성하며 생명다해살리 라 주를위 해

E
여자

68 하나님의 영으로

작사 & 작곡 이순희

♩= 100
하나 님의 영으 로 충 만해 질 때
우리 는승 리의삶 행 복한삶산다 네
힘 으로되지않는 것 하나님의 영으 로된 다 네
육 신의소욕버리 고 영의소욕 따라 살아 가 세
그리 스도의 십자 가가 우릴 구원 하셨 네
참된 자유를 누릴 수있게 성령으로인도하시 네
하나 님의 영으로 충 만해 질 때
우리 는승 리의 삶 행 복한삶산다 네

내적치유

하나님이여 나를 살피사 69

시 139:23-24

작사 & 작곡 이순희

♩= 80
E E/G♯ F♯m B
하나 님이 여 나를살피사 내마 음을 아시 고
5
E F♯m B/D♯ B B/D♯ E
나를 시험 하사 내 뜻 을 아 옵 소 서
9
E F♯m A B E/G♯ A B
내 계무 슨 악한행위가 있 나보 시 고
13
E E/G♯ A B E
나 를생명의길 영원한길로 인 도하 소 서
17
E E/G♯ F♯m B
내속 에정한마음 창조하시고 내안 에정 직한 영
21
E B/D♯ B B/D♯ E
새롭 게하 소서 나 의 주 하 나님 이 여

E 여자

70 내 주의 성령님

임재

작사 & 작곡 이순희

♩= 80
F C/E Dm B♭ Gm C/E
내 주의 성령님 내게 임하소서
F C/E Dm B♭ C C/E F
내 주의 성령님 나를 인도하소서
F C/E Gm B♭ C C/E
나의 모든 죄와 허물 깨끗하게 씻어주소서
F C/E F C/E F
하나님만 의지하니 홀로 영광받아주소서

71 우리 주의 성령

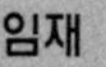

임재

작사 & 작곡 이순희

♩= 80
F B♭ Gm C/E
우리 주의 성령 이 자리에 임하소서
F B♭ Gm C/E F
우릴 변화시켜 새사람 되게하소서
F C/E B♭/D C C/E
주님의 뜻 이루며 살아가게하소서
F C/E B♭/D C C/E F
빛과 소금 되어서 열매맺게하소서

너는 모든 일에 신중하여 72

딤후 4:5-8
작사 & 작곡 이순희
♩= 80
F Gm F/A B♭ Gm C/E
너는 모든 일 에 신중 하 여 고난을 받으 며
5
F Gm F/A C F C/E F F/A
전도 자의 일을 하 며 네 직무를 다하 라
9
Gm B♭ F/A C F/A B♭ C
전제와같이 내가벌써부어지고 나의떠날시각이 가까이 왔도다
13
Gm C/E F C/E F C F
나는선한싸움 싸우고 달려갈길 마치고 믿음지켰 으니
17
B♭ C C/E F B♭/D F B♭ C
이 제후 로 는 의의면류 관이예비되었으므 로
21
B♭ C C/E F F/A B♭ C
주 곧의로우 신 재 판장 이
25
F Gm F/A B♭ Gm C/E
그날 에내 게 주 실 것- 이 며 내게만 아니 라
29
F Gm F/A C F C/E F
주의 나타나 심 을 사모하는모든자에 게 니 라

F
여자

73 너희는 여호와의

시 34:8-10

작사 & 작곡 이순희

♩= 80
너희 는여호와의 선하 심을 맛 보아알지어 다
너희 는여호와의 선하 심을 맛 보아알지어 다
너 희성도 들 아 여호 와를경외하 라
그 를경외하는 자 부족 함이없 도 다
젊은사자는궁핍 하여주릴지라도 여호와를찾는자 는
모든좋은것에부족 함이없으리로다 부족함이없으리 라
여호 와의선하심 을맛 보아 행복한삶살아가 세
여호 와의선하심 을맛 보아 진리안에자유하 세

똑똑똑 똑똑똑 예수님 74

작사 김지원
작곡 이순희

♩ = 90

똑똑똑 똑똑똑 예수님 나에게로 오셨네 문밖에서 두드리시네

똑똑똑 똑똑똑 예수님 나와함께 하시려 문을열라 말씀하시네

열까말까 열까말까 망설이는내 마 음

열까말까 조금만더조금만더 이따열고 싶은 데

내맘대로살고싶은 데 자꾸자꾸두드리시 네

아픈마음두드리시 네 사랑한다말씀하시 네

똑똑똑 똑똑똑 예수님 나와함께 하시려 내가문을 열게하시네

똑똑똑 똑똑똑 예수님 나와함께 하시려 천국으로 인도하시네

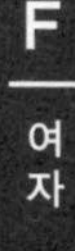
F
여자

75 모든 상황 속에서 역전승을

감사

작사 & 작곡 이순희

= 80
모든 상황 속에 서 역전 승 을 가져오는감 사
가난 을감사로받으 면 영적 인 부요를 얻 게되 고
실 패를감사로받으 면 영적 인 능력을 받게되 고
고 난을감사로받으 면 고난 의 유 익을 얻 게되 네
모 든것을 - 합 력하 여 - 선 을이 루시 는 주
어 떤상황 - 속 에서도 - 감사하라말씀하시 네
감사 할때 주님 은 더큰 감 사 의 - 조건주시 네
범사 에감사하라 하 신 주님 의 말 씀따 라 감사하 세

살아있는 하나님 말씀 76

딤후 3:16

작사 & 작곡 이순희

♩= 90
F F/A C F B♭ C
살아 있는 하나 님 말씀 나 의심령골수 쪼 개 네
5
F F/A C F B♭/D C C/E F
살아 있는 하나 님 말씀 나 의모든삶 변화시키네
9
B♭ C F C/E F Gm C
모 든성 경 은 하나님의 감동으로된 것이 니
13
B♭ C F C/E F Gm B♭ C F
교 훈과 책망 과 바르게함 과 의로교육하기 에 유익하니
17
F C/E F C/E
이는 하나 님의 사람으로 온 전하게하 - 여
21
F C/E F C/E B♭/D C F
선한 일을 행할 능력갖추게 하 려함이니 - 라

77 십자가에서 흘리신

보혈

작사 & 작곡 이순희

F C/E F C/E
십 자 가에서 흘 리신 주 보 혈
4 F C/E F C F
내 죄 씻었 네 나 를변화시켰 네
8 F Gm B♭ C F B♭ C C/E
나를새롭게변화 시킨예수님 주보혈능력으로 지켜주시네
12 F Gm B♭ C F B♭ C C/E F
끝없는주의사랑 인도하시네 주보혈능 - 력은 한계가없네
16 F F/A B♭ C C/E F
주 보혈 주 보혈 능 력있 도 다
20 F F/A B♭ C F
주 보혈 주 보혈 새 롭게 하 네

업 앤 다운 78

작사 배지희
작곡 이순희

♩= 100
업 앤 -다운 업앤 -다운 내마 음갈대같이 업앤다운
업 앤 -다운 업앤 -다운 내생 각파도같이 업앤다운
좀 전까지 좋았 는데 갑 자기우울하고 곤고하네
방 금까지 잘하 다가 갑 자기 곤두박 질
왜 이러는거야 나도몰라 내마음 나도몰 라
답 답 -해서더 힘이들어 나어떻게 해야하 나
사 랑의 내하 나님 흔들리지말라하시 네
두 려워 하지 말고 주만바라보라하시 네
주 는 -나의 반석 이시요 나의요새나의산성 이 -시니
요 동치않고 주만의지하여 영원하신말씀위에 굳게서리

F
여자

79 위대한 힘

작사 & 작곡 이순희

♩= 100
위 대한힘 위 대한힘 예배 에위대한 힘이있네
예배가운데 선포되는말씀 우리 의심령골수 쪼 - 개고
예배중에부르는 찬송은 우리 영을깨워삶의활력 더 하 네
예 배속 에 부어지는성령 삶 에서 열매 맺게하네
우 리모 두 참 된예 배하 여 자 아를무너뜨리 고
예 수의빛 예 수의빛 빛을 발하는삶 살기원해
예 수닮는삶 열매맺는삶 축복 의통로되길 원 -하 네

입례

주께 영광

80

작사 & 작곡 이순희
♩= 90
주께영광 주께영광 나를위해십자가지신 주께영광
주께영광 주께영광 나를위해보혈흘리신 주께영광
우 릴구원하 신 주 께영광돌리 세
모 든영 광 주 님 께 돌 려드 리 세

F
여자

임재

주님의 성령

81

작사 & 작곡 이순희
♩= 80
주 님 의성 령 내 게임하소 서
주 님 의성 령 나 를도우소 서
하 늘보다높 고 바다보다깊은사 랑
내 게허락하소 서 그사랑 전하게 하 소 서

82 주님 주신 열정

작사 & 작곡 이순희

♩= 100
주님 주신열정 성령 의열정으로 담대하게뜨겁게 살아가네
육의 열정 - 은 고갈 을만들지만 영의열정충만을 누리게하네
육의 열정 우리 를 어둠 으로 인도 하지 만
영의 열정 우리 를 빛으 로인도하 네
우 리모두 주님주신 열정 소유하여 열정적 인 태도로
모 든어둠 물리치고 사명 감당하여 천국을 소유 하세
주님 주신열정 성령 의열정으로 담대하게뜨겁게 살아가네
육의 열정 - 은 고갈 을만들지만 영의열정충만을 누 리게하네

주님의 사랑 아니면

작사 & 작곡 이순희

♩= 90
F Gm F/A B♭ C C/E
주 님의사랑아니 면 십자가의능력아니 면
F Gm F/A B♭ C F F/A
세상속에함몰되어 서 죄의길로달려갈죄 인
C B♭ C C/E F Gm7 C/E
나를건져주시려 고 나를구원하시려 고
C B♭ C C/E F C/E F F/A
모진고난허락하 여 나를건져주 신 주
B♭ F/A C F/A C
내가고난 - 당하기전 - 세상풍조 따랐지 만
B♭ F/A C F/A C F
내가고난 - 당한후에 - 주의말씀 지키 네
F Gm7 F/A B♭ C
고 난이유익이 - 라 고난통해주님만났 네
F Gm7 F/A B♭ C F
고난으로인 - 하 - 여 주의율례배우게됐 네

F
여자

84 주를 위한 삶

작사 & 작곡 이순희

♩= 80
F Gm C/E F C/E
주 를위 한삶 산다했지만 이 제와돌아보 니
F Gm C/E F C/E F
내 의에 도취한 헌신봉사로 향 방없이살았 네
Bb C F/A C F C/E F C/E F F/A
분 별 못해 열매없이 분주 한삶 - 살던나에 게
Bb F/A C F C/E F F/A
찾 아 오신 내하나님 내게 은혜 베풀어주시 네
Bb Bb/D C Bb C F F/A
나 - 이제 깨달았 네 자복하고회개하 네
Bb F/A C Bb C F F/A
사 - 랑의 나의주 님 의의길로인도하시 네
Bb F/A Bb F/A F C/E F F/A
내 의로 하는 헌 신과 충성 공적불타없어지 네
Bb F/A Bb F/A F C/E F
불 타지 않는 예 수터 위에 모든헌신쌓아놓 네
F Gm C/E F C/E
깨 닫고 보니 주의사랑이 나 를기다리셨 네
F Gm C/E F C/E F
감 사의 눈물 흘러넘치네 나 의뺨을적시 네

하나님은 성결한 영혼에 85

작사 & 작곡 이순희
♩= 80
하나 님은 성결 한영혼에 성 령을부으시 고
거룩 한자 거룩 한영혼통해 하 나님일을이루 시 네
우 -리모 두 성 결한 생각과 마음과 입술겸비하여
하 -나님 의 동역자되 어 열매맺는삶 살아가세
하나 님은 깨끗 한심령위 에 기름부으시 고
성령 으로 충만 한영혼통해 주 님의일을행하 시 네

F
여자

86 하나님의 임재 안에

작사 & 작곡 이순희

♩= 100
F C/E B♭/D F/C B♭ Gm/B♭ C C/E
하 나님의 임재 안에 거하 는성 도 는
5 F C/E B♭/D F/C B♭ C C/E F F/A
하 나님의 뜻을 알아 주뜻대로살아가 네
9 B♭ F/A C F/A Gm C/E F F/A
하 나님의 임재 안에 거 하는 성도 는
13 B♭ F/A C F/A C Dm C/E F /A
하 나님앞에 사람 앞에 부 끄러움없는 삶 사 네
17 B♭ F/A C B♭ F/A B♭ C
성령충만 능력충만 말씀충만 소망충만
21 B♭ F/A C B♭ C C/E F B♭ F
사랑충만 평안충만 행복충만한삶 살아가 네
25 B♭ F/A B♭ F/A B♭ C B♭/D C/E F
하 나님과 동행 하며 형 통한 삶 살아가 네

겉사람은 낡아지나

작사 & 작곡 이순희

♩= 86
겉사 람은 낡 아지나 속사람 은날로 새로워
속사 람이 깨 어난자 깨어있 는삶을 사 네
속 사 람 이 강건한 자 강 건한인생사 네
하 나 님 은 우리영혼에 복을부어주 시 어
사 탄마 귀 물리 치고 새 생명주 시 네
풍 요롭 고 윤택 하게 베 풀며살게하시 네
그 러 나 어 둠의영 죄의길로끌고가 네
육 체 의 일로우리를 미혹하여멸망시키 네
생명 의길 축복 의길로 인 도 하시는 나의주
오직 성령 의 인도받아 주님의 뜻 이 루 네

F 여자

88 깊은 열등감의

내적치유

작사 & 작곡 이순희

♩= 80
깊 은열등감의 늪에빠 져 교 만했 던 나
강 한이기 심 에 빠 져 오 만했 던 나
깨 닫지못해 - 같은죄를반복하 며 무지했던 나
어 둠의영에속아 분별하지못하 여 고통 받 던 나
내 인생 고 통은 커 져 만 가 고
외로 움과 씨름 하며 눈 물 흘 리 네
그 -러나 사랑의 주 깨 닫게하여주시 네
십 -자가 사랑으 로 나 를 변화시키 네
이 제나는더이 상 죄 에 매 이지 않 네
주 의사랑 을 본 받 아 사 명감당하 리

깊은 우울과 절망

작사 & 작곡 이순희
♩= 76
Dm A/C♯ Dm Dm/F A A/C♯
깊 은우 울 과 절망속에 - 방 황 하 던 나
Dm A/C♯ Dm Dm/F A A/C♯ Dm
기 쁨과 행복 이 무엇인지 - 모르고 살아왔 네
Dm Dm/F Gm Dm/F A A/C♯
숨도쉬지못할것 같은고통속에서 나의영혼병들어 갈 때 에
Dm Dm/F Gm Dm/F A Dm
사랑의하나님나의 영혼에찾아오셔서 따스한손길로어루만지시 네
Gm Dm/F A Dm/F Gm A
내 - 영혼 이제는 주님의 사랑으로충만하 여
Gm Dm/F A Dm/F A A/C♯ Dm
기 - 쁨의 탄성과 행복의 노래를 부른다 네
Dm A/C♯ Dm Dm/F A
나 는더 이 상 절망치않네 방 황 치 않 네
Dm A/C♯ Dm Dm/F A A/C♯ Dm
예 수안 에서 참 된 - 만족 - 누리며 살아가 네

F
여자

90 내 영혼에 닥쳐온

내적치유

작사 & 작곡 이순희

♩= 80
Dm Dm/F Gm7 A Dm/F A
내 - 영혼에 닥쳐온 수 많은 문제 들
5 Gm Dm/F A Gm A A/C♯ Dm
내 - 힘으로 풀수없지만 주 님은 하시 네
Fine.
9 Dm Dm/F Gm A
내 - 인생의 운전대 주님 께맡 기 고
13 Gm Dm/F A Dm/F A A/C♯ Dm Dm/F
성 - 령의 인도받을때 주님 해결 하 시 네
17 Gm Gm/B♭ A Dm/F Gm A
문 - 제가문 제 아니요 해결할능력 없 는 것이문제네
21 Gm Dm/F Dm A/C♯ Dm
모 - 든문제 해 결자되시는 - 나의주님께맡기 네
D.C

내 힘과 생각으로

작사 & 작곡 이순희
♩= 76
내 힘과 생각 으로 통제할수 없는모습에 좌절 하 며
우 울과 열등 감에 외로움과 고 - 독에신음하는 내 영 혼
내 - 면의 고통으 로 울 부짖 으 며
괴 - 로움과 외로움 에 몸 부림 치 네
그 때나 의주 내게 치료 - 의 손 - 길로임 하 - 시 네
내 안의 깊은 병 - 치료하시고 영혼육의자유함 - 허락하셨네

92 너무나 오랜 세월들

보라! 행복한 주의 종들을 (서민주)

작사 & 작곡 이순희

♩= 80

너무나오랜 세월 들 익숙했 던주 님이지 만

주님을- 알지못 해 내안에- 갇 혀있 던 수많은 - 세 월 들

기쁨없이 - 허무하 고 평강없이 - 우울하 고

사랑없이 - 차가 웠 고 교만하고 복 잡했던 나

전 쟁같은- 내 면의 고 통때 문 에

나 만을 바 라 보며 만 족없 던 나

그러나주님 내영혼 깨우시네 내영 혼 새롭게하시 네

이제는주의 은혜 로 새로운 삶살아가 - 네

잃어버린 사명찾고 기쁨으로 주 님께 달 - 려 - 나 가 리

믿음의 사람은

작사 & 작곡 이순희

♩= 80
믿음 의 사람은불가능한 상황속에서 창조 적인역사를 보고 -
소망 의 사람은 메마 른황 무지 를 옥토로바꾸실하 나님의
능력 을 바라보네 믿음 의사람은 모든문제해결받 네
열정적인 사람 은 유한 한인생중에 도
무한한 성령 의 능력 을사모하 고
성 결한 사람 은 탐욕의 땅에 발을딛고 있어도
천 국을 바라 보 는 삶을살아 가 네
우리 는 믿음과 소망 으로 살아가면서 창조적인역사를 이루어
메마 른 황무지에서도 옥토 가되 어 열매맺는삶 을살 리

F
여자

94 사람들은 저마다

작사 & 작곡 이순희

♩= 76
Dm Dm/F Gm Dm/F A A/C♯
사람 들은 저마 다 고난 의터널을 지나네
Dm A/C♯ E° Dm/F A Dm /F
하나 님은 우리에 게 고난 을허 락 하시네
Gm Gm/B♭ A Gm A Dm /F
하 나님의성품 으 로 변 화되기원하 시 네
Gm Gm/B♭ A Gm A Dm /F
하 나님의사랑 으 로 사 랑하기원하 시 네
Gm Dm/F Gm A
우리 는고난을통 해 자아 를내 려놓 고
Gm Dm/F A A/C♯ Dm
문제 해결의능 력 성장 의기회를얻 네
Dm Dm/F Gm A A/C♯
고난 속에 담겨 진 하나 님의뜻발 견하네
Dm A/C♯ E° Dm/F A Dm
고난 이유 익 - 되 는 복된 삶으로변 화 되네

선한 목자 나의 주

작사 & 작곡 이순희

♩= 76
Dm A/C♯ A A/C♯ Dm /F
선 한목자나의 주 예 수그리스 - 도
5 Gm Gm/B♭ A Gm A Dm
예 수의 양 된 우리는 예 수의음성듣 네
9 Dm A/C♯ A7 Dm/F Gm A
예수의자녀인 우 리 는 예수를따라가 네
13 Dm A/C♯ A7 Dm/F Gm A
예수의음성을 따 를 때 성령의불 임하 네
17 Gm Dm/F A Gm A Dm/F
예수의 음성따를 때 하늘소망 사랑 임하네
21 Gm Dm/F Gm Dm/F A/E Dm
선한목자 - 나의주 주만따르게 하소 서
25 Dm A/C♯ A A/C♯ Dm
예 수님과소통 하 여 참 만족 누리 네
29 Gm Gm/B♭ A Gm A Dm
예 수님 과 교제하 - 여 마 음천국누리 네

F
여자

96 성인아이 쉽게 상처받고

작사 & 작곡 이순희

♩= 86
성인 아이 쉽 게 상처받고 외 로 워
외톨 이의 삶 을 자 처해 고 독 해
습관 적 인 거짓말 로 자 신을숨 기 는
어린 아 이 같은성 인 성인어린 아 이
여 러가 지 문 제와 상 처로 - 인 해
내 면의어 린 아이 치 유받기위 해
성 인이 되 었 - 지만 영 혼은어린아 이
어 린아 이 같은 모습 인 정 해야만하 네
치료 의주 나 의 하나님께 구 하 세
온전 하게 치유의 빛 비춰 주 시 네

승리의 길 형통의 길

작사 & 작곡 이순희

♩= 76
Dm Bb A A/C# Dm
승 리의길 - 형 통 의길 믿 음의 길 은
5 Dm Bb A A/C# Dm Dm/F
성 령님이 - 조 명 하 신 말 씀 지 키는 길
9 Gm Dm/F Gm7 A
말 - 씀에 는 선을행할능력있 네
13 Gm Dm/F Gm A A/C# Dm
말 - 씀에 는 치 료의 능 력있 네
17 Dm Bb A A/C# Dm
살 아계신 - 하 나 님의 말 씀행 하 여
21 Dm Bb A A/C# Dm
치 료받고 - 능 력 받 아 형통한삶살아가 세

F
여자

98 영적 무감각에 빠져

내적치유

작사 & 작곡 이순희

♩=76
Dm
A/C♯
Dm
A/C♯
영 적무감 각 에 빠 져 병 든영 혼 은
5
Dm
E°
Dm/F
Gm
A
A/C♯
Dm
Dm/F
하 나님이베풀 어 주 신 변 화누리지못 해
9
Gm
Dm/F
A
A/C♯
Dm
우리 는 마음 을 치료받아 태도 의변화 생각의변화
13
Gm
Dm/F
A
Dm/F
Gm7
A
A/C♯
Dm
행실 의변화 인격 의변화 이루어 행복한 삶 살기 원하네
17
Dm
A/C♯
Dm
A
우 리모두마음 치료받 고 건 강한영혼으 로
21
Dm
Dm/F
Gm
A
A/C♯
Dm
잠 재력이발견 되 - 어 사 명감당하겠네

영혼이 병든 사람은

작사 & 작곡 이순희
♩= 80
영 혼이 병든 사 람 은 영 적질서를 따르지않고
하 나님 보 다 높아 지고자 하는 교 만을따 르 네
병든영혼은 병든마음 병든생각 병든입술
병든인격 으 로 고통스 런 인생살게한다 네
그 러나 우리를 뜨겁게 사랑하신 하나 님
십 자가 로 죄의세력멸하시 고 우릴치료 하 셨 네
우 리모 두 - 예 수 의 십 자가 - 를 붙 들 - 고
영 혼육 전인 치유받 - 아 강건 함 을 - 언기원하 네

F
여자

100 우울감을 안고 사는

작사 & 작곡 이순희

♩= 80
우 울감 을 안 고사는 수 많은 사람 들
무 기력 과 게으름으로 생 명력상실하 고
무 지함 과 무분별 로 방 향을상실했 네
길 을잃은사람 들 갈길몰라 고통중에몸부림치 네
길이요 진리요 생명되신 주를따를때 인생길 보 이 네
길이요 진리요 생명되신 주를 따를때 형통한 삶 사 네
진 리의 길 생 명의길 사 랑의 나의 주
진 리를따를때 천국향 한 여 정시작된다 네

인생 역전의 은혜 101

작사 & 작곡 이순희
♩= 76
인 생역전의 은혜누리는자 무명한자같 으 나
유 명한자되 네 역전되네 근 - 심을뒤 집 어
기 뻠을만들고 절망을뒤집어 소망을만 드 네
역 전의하나님 주를의지하여 역전의삶을사 네
자 아를무너뜨 려 육 체의 정욕 을
십 자가에못박 을 때 에 역전의 은혜임하 네
성 령충 - 만 말씀으로충만 - 능력충만을 받 아
인 생역전의 은 혜누리며 사명감당하며살 리

F
여자

102 인생의 뿌리를 치료받을 때

작사 & 작곡 이순희

♩= 76
Dm A/C♯ E° A/C♯
인 생의 - 뿌 리 를 치 료받 을 때
속 사람 이 성 숙한 사 람에 게 는
5 Dm A/C♯ Dm A/C♯ Gm/B♭ A/C♯ Dm /F
병 든나의 속 사람을 치 료받게되 네
그 리스도 향 - 기가 나 타난 - 다 네
9 Gm Dm/F Gm Dm/F Dm Dm/F A
뿌리가병들면 - 선한열매가 맺히다시들어지 네
그리스도의향기 나 - 타내어 주님의뜻 - 이루 리
13 Gm Dm/F Gm Dm/F Dm A/C♯ Dm
마음이아름다운 성도에게는 성령의열매가득 해
그리스도의향기 나타내 - 어 성령의열매맺으 리
17 Dm A/C♯ E° A/C♯
사랑 희락 화 평 인내 자 비와 양 선
21 Dm A/C♯ Dm A/C♯ Gm/B♭ A/C♯ Dm
충 성온유 절 - 제의 열 매맺 - 으 리

나 주를 만난 후에

103

작사 & 작곡 이순희
♩= 80
나 주를만난 후 에 걱 정근심없어 졌 네
나 주를만난 후 에 천 국의기쁨누 리 네 나 네
세 상에매여살 던 나 정욕 따 라살아가던 나
땅의 것만바라봤 던 나 위의 것 을바라 보 네
하 늘을 보 - 네 나 의주 님 을
새 롭게 되었 네 주 를만 난후 에

G
여자

104 나의 자아 깨뜨려

작사 & 작곡 이순희
♩= 80
나의 자아 깨뜨려- 그 리 스도의향기발하 리
진리 는 자아의- 깨 어 짐으로나타나 네
Fine.
모든죄의 뿌리제거 하 고 새로 워 지 네 새로워지네
마음 과 영으로 열매 맺는삶- 우릴 구원하실절대적진 리
예수그리 스도 만 의 지 하는 축복의 삶
예수그리 스도 만 의 지 하는 축복의 삶
자 아깨 뜨 려 향 기발 하 리
주 만의지하 여 자 유케 되 리
D.C

명절 끝날 큰 날에

105

요 7:37-38

작사 & 작곡 이순희

♩= 80

G G/B C D G/B D D/F#
명 절끝날 큰 날 에 예수님이 말씀 하 시 네

5 G C/E D C C/E D/F# G
명 절끝날 큰 날 에 예수님이 서서 말씀하시네

9 D/F# C/E G G/B C D D/F# G
누구든 지 목마른자는 내 게로와 서 마 시 라

13 D/F# C/E G G/B C G/B C D
나를믿 는 믿는자 - 는 성 경의이름과 같 이

17 Am D/F# D G/B D G/B D Em D/F#
그 배에서 생 수가 흘러 넘치리 라 말씀 하시네

21 G D/F# D Em D G Am D/F#
나 는믿네 나는믿네 주의 성령내안에서일하 시 네

25 G D/F# D D/F# G G/D
내안에서생수의 강 흘러흘러넘쳐나 네

29 G G/B C D G/B D D/F#
주 의성령 나 의 죄 깨끗하게 씻어 주 시 네

33 G C/E D C C/E D/F# G
생 수의강 내 안 에 넘쳐흘러 나를 정결케하네

G
여자

106 문을 열어라

작사 & 작곡 이순희

♩= 80
G G/B C G/B D G/B A/C# D D/F#
문을열 어라 네 마음의 문 을 열 어 라
G G/B C G/B D G/B D D/F# G
문을열 어라 네 마음의 문 을 열 어 라
D C Am D/F# G D/F# D G/B
그 어떤죄악속에 빠져있어도 그 어떤슬픔속에 빠져있어도
D C Am G G/B C D
주 님의말씀대로 마음문열면 사 랑의나의주님 내게들어와
G D/F# C/E D/F# G D/F#
내 -안에 모든죄악 태 워주 시 고
G C/E G Am D/F# G
기 -쁨과 평강의 샘물솟아 나 게하 시 네
G G/B C G/B D G/B A/C# D D/F#
문을열 었네- 내 마음의 문 을 열 었 네
G G/B C G/B D G/B D D/F# G
주님내게들어와 나와더불어먹고 나 주와더불어먹 네

전도

복음을 전파하라

107

작사 & 작곡 이순희
♩ = 100
복음을전파하라 너희는 주의복음전 하 라
온천하에다니며 만민에게 복음을 전파하 라
하 나님 이 가장기뻐 하시는 것 영 혼 구 원
하 나님 이 가장기뻐 하시는 것 제자양성 세계선 교
주가주신능력으 로 세상에빛을발하 세
주가주신사랑으 로 죽은영혼살 리 세
죄를짓는영혼에게 빛을발하여 깨닫고 회개케하 고
결박당한영혼들을 자유케하여 주님의뜻이루게하 세
많은영혼주께로 인도하여 하늘의 별 처 럼
영원토록빛나는삶 살도록 복 음 전 하 세

G — 여자

108 새로운 미래의 창

작사 박진호
작곡 이순희

♩= 110
새 로운 미래의 창 수 많은 하늘아 래
하 나님 의뜻으 로 하 나된장로연합 회
행 복의땅 사명위 해 손 잡은장 로 들
교 회위해 겨레위 해 자아를 내려놓 고
합 력하여 선을이루어 빛과소금이 되 자
교 단의 벽을넘 어 교 파의담을넘 어
복음으 로 한데뭉 쳐 생명걸고나아가 자
주를위해 부름받 은 수 원수 원특레 시
기독교장 로연합 회 세 상에빛을발하 리

성령은 죄로 인해 더러워진 109

♩= 86
작사 & 작곡 이순희
성령 은죄로인해- 더러워진것 들 을 정결케 하시고
하나 님의거룩함을- 회복시켜주 시 네 우리안에 성령이
임하시면 죄로 인해더럽고 혼미한것들 깨끗해지 고
아름 답고성결한삶- 거룩하고존귀한 삶 살게되 네
성 령님은- 우리를 성결하 고 거룩한길로 인도하시네
성 령님은- 우리가 예수님 의 성품에 참여 하기원하네
나의 주 나의사랑- 성령으로충 만 케 가득채워 주시네
나는 이제기뻐춤추네 나는이제성령 의 능력으로 자유해

G
여자

110 성령의 바람이여

성령

작사 김지원
작곡 이순희
♩= 80
성 령의 바람이 여 솔솔불어 오 - 소 서
열 정의 성령이 여 불로불로 태우소 서
내영혼의 티끌들 을 털어날려 버리소 서
내영혼의 게으름 을 태워태워 버리소 서
정 결한 영혼 깨 끗한 영혼 열 정의영혼으 로
가 득채 우소 서 채우 소서 주 님의사랑으 로
은혜의소낙비 성령의생수가 강같이흐르게 하 소 서
내안의더러운 죄악을씻으사 흰눈보다더희게 하 소 서
성 령의 바 람 성 령의 불 성 령의 생 수 가
내 영혼 을 정 결 하 - 게 회복시켜 주 시 네

성령의 생수는

♩= 80
작사 & 작곡 이순희
G
Am
G/B
C
D
C/E
D/F♯
성 령의생 수 는 세속적인 사랑 씻어내 고
성 령의뜨거운불 은 탐욕적인 사랑 소멸하 네
병 든사랑 상처로남고 상 처는죄를남기 네
예 수님의 십자가보혈 참된사랑회복시키 네
성 령의 생수 로 씻 고 성 령의불로태 워
보 혈의능력 의지하 여 성결한삶살아가 세

112 수원을 새롭게 시민을 빛나게

작사 & 작곡 이순희

♩= 100
G Am D/F# D D/F# G
수 원을 새롭 게 시 민을 빛나 게
G Am Am/C D D/F# A A/C# D
수원 - 시가 좋 아 날마다 새로운수 원
수원 - 시가 좋 아 시민이 빛나는수 원
G Am Am/C D D/F# D
수원 - 시로 오세 요 행복이 넘 치는수 원
수원 - 시로 오세 요 기쁨이 넘 치는수 원
G G/B D G/B Am Am/C D D/F#
수 원 화성 - 세계문화유산 화 성 화성행 궁
G G/B D G/B Am C D G
정조대왕본받아 뿌리뻗은효의 도 시 아름다운 곳
G Am D/F# G A D/F#
경기도의최대도 시 수준높은교육도 시
G C/E D/F# Am D/F# G D/F# G D/F# G A D
동 으로용인시 서 로는안산시 남 으로화성시 북 으로의왕시
G Am C D D/F#
교 통의요충지 살기좋은수원시 사통팔달길이열린 다 팔달구

33
G Am C D D/F#
착 하게살아라 권선징악권선구 척 - 하면삼천리 - 영통하는영통구
37
C D Em D/F# G Am D/F# G
융 성한도시가 되 라 는 정 조 의 뜻 장 안 구
41
G Am Am/C D D/F# A A/C# D
수 원 - 시가 좋 아 수 원왕 갈 - 비 갈 비 뜯고싶어
45
G Am Am/C D D/F# G D/F# G
수 원 - 시가 좋 아 수 원왕 갈 - 비 통 닭 먹고싶어
49
G Am Am/C D D/F# A A/C# D
수 원 - 시가 좋 아 시 민이 빛 나 는 수 원
53
G Am Am/C D D/F# G
수 원 - 시로 오 세 요 행 복이 넘 치 는 수 원
57
G Am D/F# D D/F# G
수 원을 새 롭 게 시 민을 빛 나 게

G
여자

113 여호와는 나의 목자

시 23:1-5

작사 & 작곡 이순희

♩= 90
여호와는나의목자 나의목자 시 니 내게 부족함 없 네
그가나를푸른풀 밭에 누이시며 쉴 만한물가로 인도하시는도다
내 영혼을 소생시키고 자기이름을 위하 여
의 의길로 인도하시네 내가사망의 음침 한 골짜기
골짜기로다닐지라 도 해를두려 워 하지않을것 은
주께서나와함께하 심이라 주의지팡 이 막대기 나를 안위하시네
주님께서내원수의 목전에서 내 게 상을 차려주 시 고
내 머리에 기름 부으셨으 니 내잔이 넘 치 네

우리의 싸움은 혈과 육을 114

엡 6:12

작사 & 작곡 이순희

♩= 80
우 리 의싸움 은 혈과육을 상대하는것이아니 요
통 치 자들 과 권세들과 이 어둠의 세상주관 자 들 과
하 늘에 있 는 악의 영들을 상대함이 라
악 - 한영 들 을 대적 하는 영적 싸움 은
죄 - 의결박 끊 어내고 나의 영혼 을자유케하 네
우 리 모두주 님 의지하여 영적싸움승리하 - 고
하 늘 의권 세 하 - 늘의 축 복 - 을 누리며살 아 가 세

G
여자

115 위대한 발견

작사 & 작곡 이순희
♩= 80
위 대한 발견 복음의 발견 - 천 국의 발 견
하나 님의 능력 발견 하여 주신사명감당하 고
하나 님의 사랑 발견 하여 하나님을기쁘게하 고
우 리의정체성 발견 하여 하나님과연합하 고
우 리의소망을 발견 하여 고난을 이 기 네
잠 재력 발견하 여 주의일 기쁘게하 고
말 씀을 발견하 여 복음의길걸어가 세
생 명을발견하 여 진리안에자유누리 고
사 명을발견하 여 주님의뜻이 루 세

일어나라 빛을 발하라 116

작사 & 작곡 이순희
♩= 100
일어나라 빛을 발 하라 이는네 빛이 이르렀고
여호와의 영광 이 네게 임하였 음이니 라
하 나님 의 귀한공동체 O O공 동 체
O O교 단 O O공동체 한자리에모 였 네
부 름받 은 하나님자녀 한자리에모 였 네
한피받아한몸이 룬 하나님사랑공동 체
성령의충만함받 아 주님의뜻 - 이루 며
성결하고정결하 여 주님의뜻 - 이루 네
예배하고찬양하 며 일어나빛을발하 네
불 - 같은 성령의은혜 체 험 하 네
성 - 령의 인도받 아 빛 을 발 하 네
하 나님 의 귀한공동체 O O공 동 체
부 흥의 불 타오르 네 O O - 공 동 체

G
여자

117 주 나와 함께 하시네

작사 & 작곡 이순희

♩= 80
G Am G/B C D
주 나와함께하시 네 주 나와동행하시 네
5 G Am G/B C D D/F♯ G
주 나를인도하시 네 주 나를축복하시 네
9 G G/B C G/B D D/F♯ G
나의사 랑 나 의 주 끝 없는희생으 로
13 G G/B C D G/B D G G/B
나의모 든 죄와상 처 씻 어 주 시 네
17 D G/B D D/F♯ G G/B
나 -이제 주님을 증거하며살 리 라
21 D C D Am D/F♯ G
나 -이제 주님의 말씀따라살 리 라

주님 주신 사명따라

118

작사 & 작곡 이순희

♩=64
G Am G/B G Am D
주님 주신사명따라살아가 네 나의 일생주께맡기기로했 네
G Am G/B G Am D/F♯ G
지체 할수없네망설이지않 네 후회 없이푯대향해달려가 네
G Am G/B G Am D/F♯
나아 가야하네전진해야하 네 달려 가야하네부르심의상을향 해
C D G/B C D /F♯ G
복음 위한사명따라살아가 네 주께 맡긴인생주가책임지시 네
G D/F♯ C/E D/F♯ Em /D A/C♯ D
내게 유 익 하 던 모든것 을 배설물로여 기 네
C D G/B Am D/F♯ C D G
주 안에서 발견되기 - 원하 네 주뜻이루기위 해

G
여자

119 참된 그리스도인은

작사 & 작곡 이순희

♩=78
G D/F# Am G C/E D
참된 그리스 도인은 영의 세계 바로 아네
5 G G/B D Am D/F# G
영적 지식 능력 겸비하여 어둠 에속 지않 네
9 Am D/F# Am D/F#
영 의눈과귀열 어 주를보고음성듣 네
13 Am D/F# Am D/F# G
영 적분별력으 로 사탄에게속지않 네
17 G D/F# Am G C/E D D/F#
하나 님을 아는 지식으로 지혜 롭고 성결 하게
21 G G/B D Am D/F# G
하나 님사 랑 - 이웃사랑 실천 하며 살겠 네

깜깜한 사망의 골짜기를 120

작사 김지원
작곡 이순희

깜 깜한 사 망의골짜기를 걷 고있 나 요
물 없는 뜨 거운사막을 하염없이가고있나 요
풍랑 이는 거친바다에서 조각배를타고있나 요
인 -생길을 걸을때 아무 것도 보이지않을 때
그 -끝을 잡고계 신 주님 을보 세 요
주는나의 길이 요진리요 생명이 라 모든길 을 여시는
능력의주 님이 라 천국의 문 열어주 시 는 주

G
여자

121 나에게 다가온 고난

보라! 행복한 주의 종들을 (김선주)

작사 & 작곡 이순희

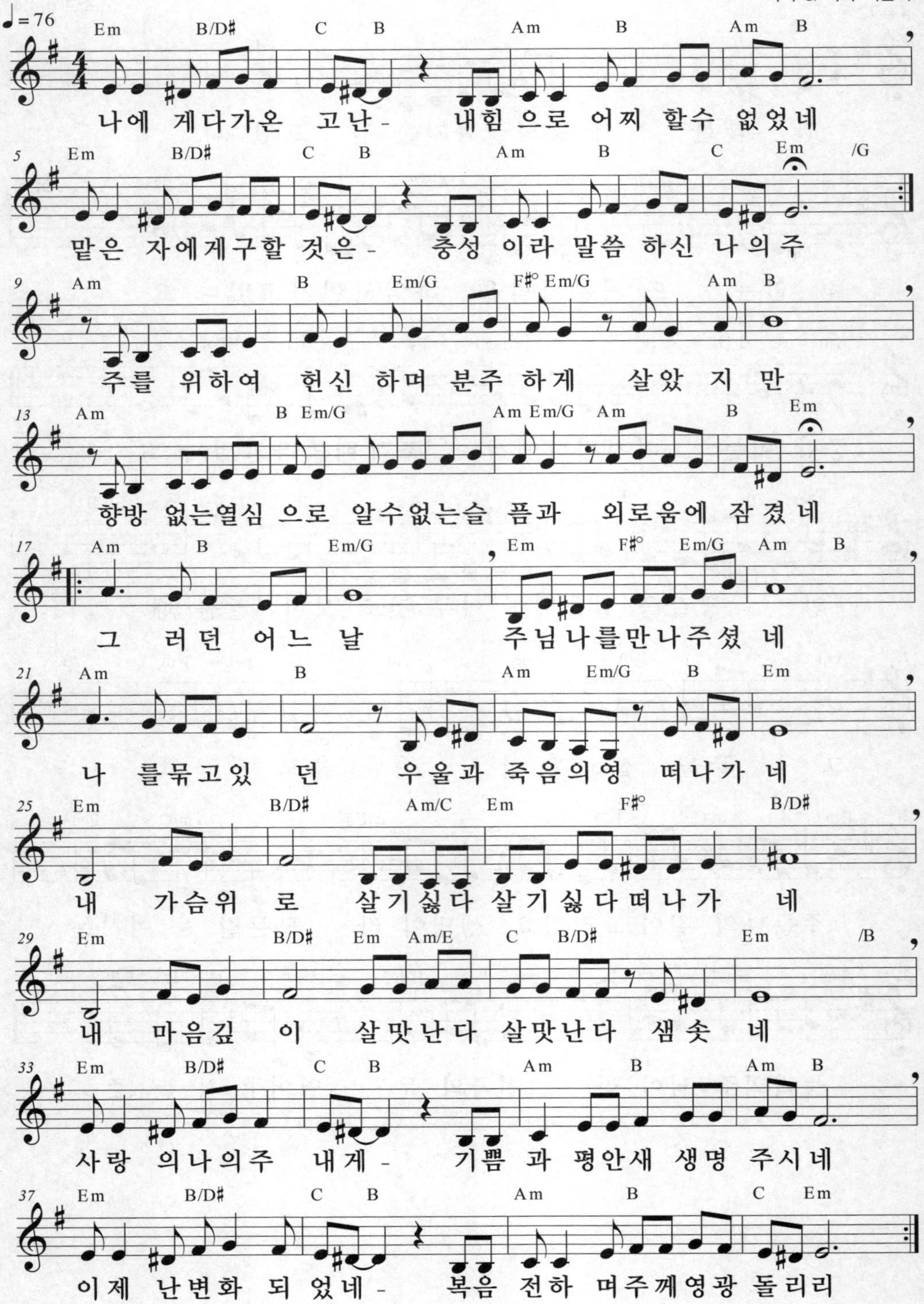

♩=76

Em B/D# C B Am B Am B

나에 게다가온 고난- 내힘 으로 어찌 할수 없었네

Em B/D# C B Am B C Em /G

맡은 자에게구할 것은- 충성 이라 말씀 하신 나의주

Am B Em/G F#° Em/G Am B

주를 위하여 헌신 하며 분주 하게 살았 지 만

Am B Em/G Am Em/G Am B Em

향방 없는열심 으로 알수없는슬 픔과 외로움에 잠겼 네

Am B Em/G Em F#° Em/G Am B

그 러던 어느 날 주님나를만나주셨 네

Am B Am Em/G B Em

나 를묶고있 던 우울과 죽음의영 떠나가 네

Em B/D# Am/C Em F#° B/D#

내 가슴위 로 살기싫다 살기싫다떠나가 네

Em B/D# Em Am/E C B/D# Em /B

내 마음깊 이 살맛난다 살맛난다 샘솟 네

Em B/D# C B Am B Am B

사랑 의나의주 내게- 기쁨 과 평안새 생명 주시네

Em B/D# C B Am B C Em

이제 난변화 되 었네- 복음 전하 며주께영광 돌리리

나의 깊은 상처를

작사 & 작곡 이순희

♩= 90
나 의깊은상처 를 어 루 만지시는사랑의 - 주
크 신능력으 - 로 나 의 깊은우울치료하시 네
상 - 처에 짓 눌 려 고통으로신음하던 내인생
과 - 거를 잊지못해 아픔으로우울하던 내인생
이제나는 더이 상 상처와 우울에 매이지않 네
이제나는 더이 상 과거의 아픔에 매이지않 네
회 복의 - 능력 을 간 증 하는삶으로변화됐 네
마 음과정성모 아 사 랑 의 주를찬 - 양하 네

G — 여자

123 세상길을 걸어가는

작사 & 작곡 이순희
♩= 80
세 상 길을 걸 어 가는 주의자녀들에게 도
우 리 주님 우 리 에게 고난을통해서라 도
여 러 가지 장 애 물이 인생길을막는다 네
내 려 놓고 주 님 만을 바라보게하신다 네
수 많은 문제앞 에 당 황하지말 고
문 제의 해결자되신 주 께나아가 세
형식적인기도 중언부언기도 정욕위한기도 내려놓고
내려놓는기도 깨뜨리는기도 성령의인도받는 기도하여
어 떤 환경 속 에 서도 해를받지않으면 서
주 의 복음 증 거 하며 주님의뜻이 - 루 세

십자가는 우리의

작사 & 작곡 이순희

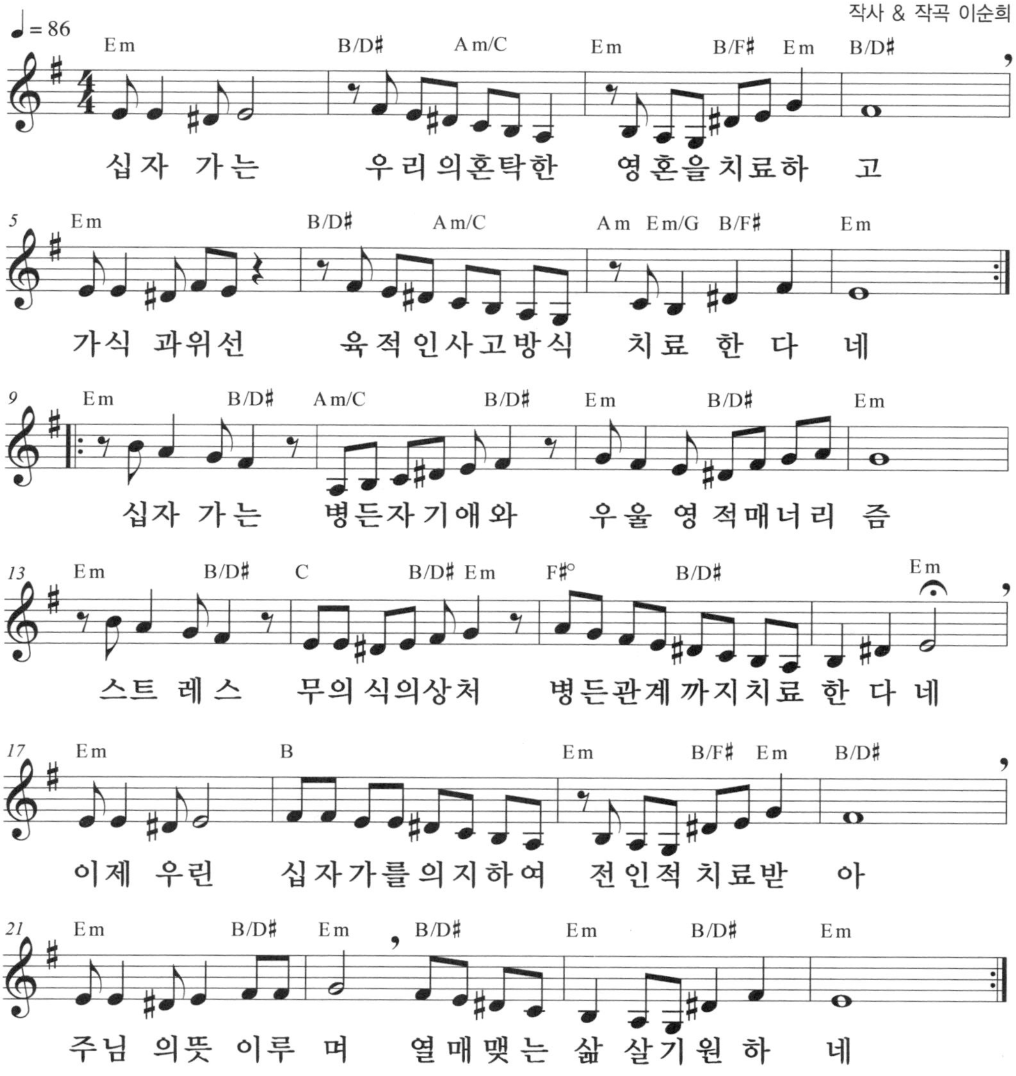

♩= 86

십자 가는 우리의혼탁한 영혼을치료하 고

가식 과위선 육적인사고방식 치료 한 다 네

십자 가는 병든자기애와 우울 영 적매너리 즘

스트 레스 무의식의상처 병든관계까지치료 한 다 네

이제 우린 십자가를의지하여 전인적 치료받 아

주님 의뜻 이루 며 열매맺는 삶 살기원하 네

G
여자

125 십자가의 능력이 임하는

작사 & 작곡 이순희

♩= 80
Em B/D♯ Em B/D♯
십 자가의능력 이 임 하는 곳 에
5 B Em/G C B Am B Em/G F♯° B Em
자유와 해방 기적과 치유 변화의 역사 일어나 네
9 Em F♯° Em/G B Em Em/G B
십자가의통치를 받는 자는 세상욕심내려놓 고
13 Em F♯° Em/G B B/D♯ Em Em/G
하나님의뜻 - 을 이루는삶 살 아가 네
17 Am B Em/G Em F♯° B7
이 - 제우리 영 혼깊 은 상처를 치유하시 며
21 Am B Em/G Em B/D♯ Em
자 - 유케하 는 십자 가 붙들고 살아가 세
25 Em F♯° B B/D♯ Em F♯° B
사랑의십자 가 능 력의십자 가
29 Em F♯° B B/D♯ Em B/D♯ Em
십자가통치 를 받 으며살아가 세

내적치유

알 수 없는 불안감

126

보라! 행복한 주의 종들을 (김승희)

작사 & 작곡 이순희

♩=76

Em B/D# Am/C B Em/G
알 수없는불안 감 영적고통 으로괴로운 나날 들

5 Em B Am F#° B Em
스 스로를지키고 자 나의욕심 으로똘똘뭉쳐졌 네

9 Am B Am/C Am F#° B7 Em Em/G
지식과 물질이 내삶을 보장할거 라 생각했지 만

13 Am B C B/D# Em B/D# Em
나 에게 돌아오는것은 우 울과 원망 뿐

17 F#° Em/G B C B/D# Em Am/C B
그 때 나를 찾아주신주님 사랑으로감싸주시 네

21 B Am C B Em B/D# Am/C B B/D#
조건 없는사 랑 끝없이 부어지는은 혜 로

25 Em B/D# Am/C Am B Em/G
나 의완악한마 음 이기심과 교만깨닫게 하시 고

29 Em B/D# Am/C Am B Em
하 나님의형상으 로 새롭게 회복시켜주 - 셨 네

G
여자

127 영적전쟁 진리와 거짓의

영적전쟁

작사 & 작곡 이순희

♩=76

Em B/D♯ Am/C Em B/D♯ Em B/D♯ Am/C B

영적전쟁 진리와 거짓의싸움 성도 의무기 진리의 말씀이라네

Am B B/D♯ Em F♯° Am B Em

분노의거짓앞에 화평의진리로 미움의거짓앞에 용서의진 리로

Em Am/C B Am B

두 려움의거짓 앞 에 평 안의 진리 로

Em B/D♯ Em B B/D♯ Am/C B/D♯ Em

의 심의 거짓 앞 에 신 뢰의진리로 맞서싸우네

Em B/D♯ Am/C Em B/D♯ Em B/D♯ Am/C B

영적전쟁 진리와 거짓의싸움 성도 의무기 진리의 말씀이라네

Am B B/D♯ Em F♯° Am B Em

우리모두사탄의 계략분별하여 영적인전쟁에서 승리하기 원해

우리 모두 병든 속사람을

작사 & 작곡 이순희
♩= 90
Em Em/G Am Em/G F#° B
우 리모두 병 든속 사 람 을 바 꾸 어
Em B/D# Em F#° Em/G B Em
아 름답고 행 복하 게 살 아 가 야 해
Em C B Em C B
우리의견고한자 아 깨뜨려 하나님형상회복 해야 하네
Em C B Em F#° F#°/A B
모든죄와상처의 결 박풀고 깊은내면치유 받아야하네
B Am Am/C F#° Em Am/C B Em
자기를부인하고 정 욕 과 탐심을십자가에 못박아야해
Am Em/G Am B
끝 -없는 연단의 과 정속 에 서
Am Em/G Am B B/D# Em
육 -적인 욕심을 건 어내야하 네
Em Em/G Am F#° B
십 자가로 모 든문 제 해 결 받 아 서
Em B/D# Em F#° Em/G B Em
진 리안에 자 유하 며 살 아 가 리 라

G
여자

129 인생을 절망으로

내적치유

작사 & 작곡 이순희
♩= 72
인생 을절망으 로 끌고 가는 깊은상 처
상처 는자기애에 빠지 게하고 고통은연약함만 바라보게하네
연약함에 빠진 자 하나님의 능력 보지 못 해
우울함에 빠진 자 하나님의 치료 느끼지못 해
외 -로움 과 공허함만 커져갈 뿐이라 네
이 -제는 눈을들 어 주의능력바라보 고
믿 음으로나아 가 주 의치료간구하 네
치 료의주하나 님 나 를고쳐주셨 네

플러스 인생

작사 & 작곡 이순희

♩= 90
플 러스인생 살아가세 - 플 러스인 생 살아 가세 -
어 리 석은사람 육적 인 욕심따라 마이너스 인생살지 만
지 혜 로운사람 영적 인 욕심따라 플러스 - 인생사 네
육에속한사람 자기힘 으로 바람개비 날리며사 네 (마이너스인생)
영에속한사람 주의힘 으로 풍차를 돌리며 사 네 (플러스인생)
예 배 와기도 찬 양과헌신 우선으로 사는플러 스 인 생
하 늘의것을 바 라보면서 행복하게 사는플러 스 인 생
하 나님께맡긴 만큼 안 전 - 하고 존귀한 - 플러스인 생
성 령 님의인도 받아 풍 성 - 함을 누리는 - 플러스인 생

G
여자

131 힘 없이 쉬운 길만

보라! 행복한 주의 종들을 (김지환)

내적치유

작사 김지환
작곡 이순희

= 78
Em B/D# F#m B/D# Em
힘 - 없이쉬 운길만 찾 아헤 매 며
5 Em B/D# Am/C B/D# Em C C/E
방 - 황하며 살아오던나 치 열함 도
9 B/D# Em B/D# Em /G
열 정 도 없 - 이 게으르게허 송 세월보 냈 네
14 Am B Em/G F#° B/D#
허 - 무함 속에보내던 어 느날 주님 이
18 Am B Em/G B B/D# Em B/D# Em
나를 찾아오 셨네 - 나의영혼살리시 려 불러주셨 네
23 B B/D# Em F#° B
새 롭게 하셨 네 나의사명을 깨 닫게하신예수 님
27 B/D# Em /G B B/D# Em /G
이제 는 주를위한 열정으로 사명감당하며살 리
32 Am B Em/G Am B
지치고 힘들어 도 주님주신 능력으로일어서 리
36 Am B C B/D# Em
나와같이동행하 심 감사하며 주 를위해살 리

깨닫는 만큼 영적 도약 이루고 132

작사 & 작곡 이순희
♩= 80
깨 닫는 만 큼 영적도약이 - 루 고
깨 달음 - 을 방해하는영적무 지
깨 닫는 만 - 큼 삶이변화된 다 네
자 아와 욕 - 심 부추기는고 - 집
진 리를깨 달을 때 참된자유누 - 리 고
모 두다버 리 - 고 주님앞에나아갈 때
사 랑을깨 달을 때 영적성장이 루 네
깨 달을수 있다 네 땅의것을버 리 고
깨달음의 - 참된깊이는 깨어 짐의 깊 이
하나님께 - 초점맞출때 깨달 을수 있 네
깨어짐으로 어둠에속한 악한권세이 - 기 세
참만족 - 과 행복누리며 주와함께살아가 네
사 랑의 나의 주 깨닫게해주 시 네
능 력의 나의 주 승리하게하 시 네

A
여자

133 네 입을 크게 열라

작사 김한지
작곡 이순희
♩= 80
네 입을 크게 열라 내 가 채우 리 라
좋은 것으로 채우신다는 축 복 의 말 씀
우 리모 두 입을크게 열 어 아 아 아
주 님주 신 비전을 붙 잡 고 아 아 아
넘 치 게 부어주실 주님 께 아 아 아
삶 의모든순간 에 주를신뢰하 며 입을크게벌려 아 아아
말씀 의복 사명 의복 형통의복 부으시 는 하나님
사랑 의주 하나님께입을 크게벌려 아 아아

메마른 내 가슴에 134

작사 김지원
작곡 이순희
♩= 80
A♭ D♭/F A♭ B♭m E♭
메 마른내가슴 에 사 랑을심어주셨 네
5 A♭ D♭/F E♭ D♭ E♭ E♭/G A♭ A♭/C
말 씀으로다가오 신 한 없는십자가사 랑
9 E♭ D♭ E♭ E♭/G A♭ B♭m E♭/G
그사 랑이 나를 부르시네 강물같은 사랑 부으시 네
13 A♭ E♭/G D♭/F E♭ D♭ E♭ A♭
그사 랑이 나를 부르시네 내잔이넘 치 네
17 A♭ B♭m E♭/G D♭ E♭
죽 -음도 끊을수없는 주 님의놀라운사 랑
21 D♭ A♭/C D♭ E♭ E♭/G A♭
만 -민을 변화시키는 놀 라운주님의은 혜
25 A♭ D♭/F A♭ B♭m E♭
나 를변화시키 네 십자가의사 -랑으 로
29 A♭ D♭/F E♭ D♭ E♭ A♭
내 안에서흐-르 는 넓고크신사랑전하 리
A
여자

135 우리는 어부 사람 낚는 어부

작사 & 작곡 이순희
♩= 100
A♭ Fm D♭ E♭
우리 는어부 사람낚는어부 천국 의어부라 네
5
A♭ Fm D♭ E♭ A♭
우리 는어부 사람낚는어부 천국 의어부 라 네
9
A♭ E♭/G D♭/F E♭ D♭ A♭/C D♭ E♭
많은 사람 들 행복 찾아 세상 에그물 을던 지네
13
A♭ E♭/G D♭/F E♭ D♭ A♭/C E♭ A♭
부귀 명예 와 권세 찾아 세상 에그 물을 던 지네
17
E♭ D♭ E♭ E♭/G D♭/F E♭
잠 시있 다 없 어 질 헛 된것 구 하 면 서
21
E♭ D♭ E♭ E♭/G D♭/F E♭/G A♭
만 족얻어보려 하 지 만 절 망과 낙심 뿐 이 네
25
A♭ E♭/G D♭/F E♭ D♭ A♭/C D♭ E♭
그래 도헛된 그물 질은 계속 우리를 곤 고케하네
29
A♭ E♭/G D♭/F E♭ D♭ A♭/C D♭ E♭ A♭
이제 우리는 사람 낚는 어부 되어 사명 감당하세

우리의 겉사람은 136

작사 & 작곡 이순희
♩= 80
우 리의 겉사 람은 - 낡 아지 지 만
우 리의 속사 람은 - 날로날로새롭게되 네
우 리가 잠시 받는 환난 의 경한것 이
지 극히 크고영원한 영광 의 중한것을이루 게 함이니
우리가주목하는 것은 - 보이는것이아니 요
보이지않는것이 니 보이는것은 잠깐이 요
보 이지 않는 것은 - 영 원함 이 라
하 늘에 시민권 두고 - 속사람을강하게하 네

A
여자

137 인생은 누구나

작사 & 작곡 이순희
♩= 112
인생은누 구 나 착하고 선한삶 살기원하 네 (원해)
그러나자 신 이 원하는 삶을 - 살지못하 네 (못해)
소 망찬 인생 을 꿈 꾸 며 살 아 가 지 만
상 처에 이끌 려 불행한 삶 살 아 간 다 네
주님께나 아 가 어둠물 리치고 상처씻음 받아 (받아)
행복과평안한 삶 자유한 인생 - 살아가 - 세

인생의 크기는 믿음의 크기 138

작사 & 작곡 이순희
인 생의 크기 는 믿 음의 크기라 네
믿 음의 분량만 큼 행복한삶 살아가 네
큰 믿음 은 하늘 의문 열 수있 으 며
영 적풍 요 넉넉 하게 이 기게 하 네
믿음으로 모든역경 환난을 이기게하 네
믿음으로 예비하신 모든복 누리게하 네
믿음안에 있는 자 영광을 얻어 도 교만치 않 네
조롱과멸시받고 죽 임을당 해도 영광을 잃지않 네
A 여자

139 주은혜 한량없네

작사 & 작곡 이순희
♩= 80
주 은혜 한량없네 나를향한 주의사랑
끝이없는 조건없는 크신사랑 전 하 세
형 제를사랑 하 면 사망에서 생 명으로
들어간줄 알 거니와 사랑하지 않 으 - 면
사 망 에 머물러있다 말씀하신 주
주 의사랑 의 너비와 길이와 높이 와 깊이를 깨달아
그 사랑으 로 형제를 사랑하여 생 명을 얻 으 리

하나님은 우리에게

140

작사 & 작곡 이순희

♩= 100
A♭ B♭m E♭/G D♭/F E♭ E♭/G
하나님은 우리에 게 참된자유 주시 네
5
A♭ B♭m E♭/G D♭/F E♭/G A♭
하나님이 일하시 는 곳에는 자 유가있 네
Fine
9
E♭ D♭ A♭/C D♭ E♭
회복의 역사 자유의 역사 치유의 역사 임한다 네
13
E♭ D♭ E♭ D♭ E♭ A♭
성 령 님은 우리에 게 강한능 력 주 시 네
17
D♭ E♭ D♭/F E♭ D♭ E♭
성 령님 이 임하시는곳 에 는 열매맺히 고
21
D♭ A♭/C E♭ E♭/G A♭
자 아는 죽고 예수로 사 는삶 시작되 네
D.C

141 하나님은 우리의 깊은 상처

작사 & 작곡 이순희
♩= 80
하 나님 은 우 리의- 깊은상 처어루 만 지네 -
능 력으 로 인 생의- 짙은우 울치 료 하 시네 -
상 처의 고통으 로 신음 하던 내인 생
치 료의 은혜받 아 찬양 하는삶으로 변화되네 -
과 거의아픔으 로 우울 하던 내안 에
회 복의능력받 아 간증 하는삶으로 역전되네 -
사 랑의 주 능 력의주 치료의 주님을 찬 양해 -
내 마음 과 정 성다해 오직주 이름만 높 이리 -

하나님의 은혜를 받아 142

작사 & 작곡 이순희

♩= 80
Ab
Ab/C
Db
Eb
하 나님의은혜 를 받아 - 정결하 고성결 한 영혼 -
5
Ab
Ab/C
Db
Eb Ab
Fine
하 나님의통치 를 받아 - 진리안 에자유 하 세
9
Eb
Db
Eb
Bbm
Db
Eb
건 강한정신으 로 바 른 생각을하 고
13
Eb
Db
Eb
Eb/G
Ab
건 강한마음으 로 인 생의풍랑을뚫 고
17
Ab
Bbm
Ab/C
Db
Eb
Bbm
Eb/G
건강한언어로 서로를 세우고 건강한양심으 - 로
21
Ab
Bbm
Ab/C
Db
Eb
Bbm
Eb/G
Ab
D.C
즐겁고기쁘게 진 - 리 안에서 자유하며살아가 세

A
여자

143 기쁨이 압도하는 삶

작사 & 작곡 이순희

♩= 90
A Bm E/G# D/F# E/G# A
기쁨이 압도하는 삶 모든것이 기쁨으로 덮이 네
5 A Bm E/G# D/F# E E/G#
하나님을사랑할수 록 주를위해헌신할수 록
9 A A/C# Bm D E E/G# A A/C#
더욱 깊은 영적 기쁨 위대 함누 리 네
13 E A/C# D E
상 황과 환경 을 초 월 하여 기쁨 누리 고
17 E A/C# D E A/C# D E A
넉 넉하게넘치 는 인내와 위대 한승리 를 이루 네
21 D E D/F# E/G# A
삶 의 모든순간 에 영-적인 참된기쁨 누리 고
25 A Bm E/G# D/F# E D E A
기 쁨의능력으 로 충 만한 열매맺기 원하 네

내 인생에 놓여진

작사 & 작곡 이순희

♩= 78

A Bm A/C♯ D6 E9
내 인 생에 놓여 진 막막 한 문제안 에 서

A/C♯ D A/E Bm/E E A
알 수 없는 슬픔 과 외로 움 에 - 갇 힌 나

Bm7 E/G♯ A Bm E/G♯
날마 다 하나님 께 부르짖으 며 살 았 네

Bm E/G♯ A Bm7 E7 A
주님 은 죄로덮 인 나의영 혼 사로잡았 네

E D/F♯ A/C♯ E/G♯ A E
말씀의빛을비 춰 내자아깨뜨리셨 네

A/C♯ D E F♯m Bm7 D E
기적의하나님 능력의하나님 치료의하 나 님

D A/C♯ D A/C♯ D E
성 령 의 능력으 로 나의결박풀어주셨 네

D A/C♯ D E E/G♯ A
고 난으로 답답하 고 곤고했던 내 인 생

A D/F♯ A/C♯ E/G♯
이 제 는고 난 - 이 유익 이라말할수 있다 네

A Bm7 A/E Bm/E E A
나 이 제행 복하 게 주신 사 명 - 감당하 리

A
여자

145 너희는 모든 악독과

엡 4:31-32

작사 & 작곡 이순희

♩=78
너희 는 모든 악독 과 노함과 떠드는 것 과
비방 하 는것 을 모든악의와 함 께 버 리 고
서로 친 절 하게하 며 서로 용 서하 기 를
하나 님 이 그리스도 안에서 너희를 용서하심같이하 라
우리모두 주님의명령대로 살 아가 세
우리모두 이웃사랑실천하며 살 아가 세
나이 제 끝없 는 내 주님의 크신사랑 으 로
이웃 사 랑실천하며 열매맺는삶 살 아 가 겠 네

모세의 지팡이

146

작사 김지원
작곡 이순희

♩= 100
A Bm A/C♯ D E D E A
모세의지팡이 모세의지팡이 기적의 선물이라 네
A Bm A/C♯ D A/C♯ Bm E/G♯ A
모세의지팡이 모세의지팡이 능력의 지팡이라 네
Fine.
A Bm E/G♯ D/F♯ E
휘 두르기만하 면 살 아있 는 듯
D D/F♯ E D E A
모든문제해결하 네 모 세의 지팡 이
D A/C♯ E D E
모 세는 이스라엘을 지팡이 하 나 로
D A/C♯ E D E A
애굽 에서 해방시켰네 하나님 함께하셨 네
D. C

A
여자

147 불 같은 성령으로

전도

작사 & 작곡 이순희
♩= 106
불 같은성령으 로 땅끝까지복음전하 세
불 같은열정으 로 주의사랑나타내 세
오 직성령의 충만함받아 땅끝까지복음전하 세
고 난으 - 로 괴로워하며 눈물흘리는자들에 게
외롭고소외된자 지친자들에 게 주의사랑전 하 세
주님의빛을받아 가장멀리 가장 밝게주의빛비추 세
불 같은성령으 로 어디서나밝은빛되 어
부 흥의주역으 로 전 - 도의열매맺으 세

사람들은 이 세상 복

작사 & 작곡 이순희

♩= 80
사람들 은 이세상 복 누리 며 살기 원하 네
물질의 복 - 누리려 고 물질 에 집착 하 네
명 예 의 복누리려 고 사람 에 게집착하 고
장 수 의 복누리려 고 건강 관 리집착하 네
육에속 한복 - 갈망하는자 땅의것 바라보 네
욕심껏 움켜 쥐 며 집착하는삶 살아 가지 만
하 늘의복 - 구하는 자 위의것 바라보 며
세 상에서 - 누릴수없는 참된행복누린다 네
우리모 두 하나님 을 아는 복 을누 리 - 며
복의근 원 - 하나님 이 주시 는 복누 리 세

A
여자

149 사람들의 인정과 칭찬을

보라! 행복한 주의 종들을 (김지민)

작사 & 작곡 이순희

♩= 90

사람 들 의 인정 과 칭찬 을 구하면 서 도

5 깨닫 지 못하고 가식과 거짓으로 가득했던내 인 생

10 하 나님을위 해 성실하게 살았다고착각했 네

14 내 마음은점 점 굳어져 감 각을잃 었 네

18 어둠 속 에서 홀로 헤매이다 주님 께 부르짖 었 네

23 그때 주 님 나 를 찾아오사 굳은 감각치료하 셨 네

28 하나 님 만 경외 하 며 진실 된 삶 살게하셨 네

33 이제 는 참 - 된 기쁨과 평안누리 며 주를위해살 리

성령은 지혜와 총명의 영 150

작사 & 작곡 이순희

♩= 80
A
Bm A/C♯
Bm E/G♯
A
성령은 지혜와총명 의영 모략과 재능의 영
A
Bm A/C♯
D E
A A/C♯
성령은 지식의영 여호와를- 경외하는 영이라네
D A/C♯ D A/C♯ Bm E/G♯ E
성 -령의 인도를 받을때 행복과기쁨충만 누리네
D A/C♯ D A/C♯ Bm E/G♯ A
성 -령의 인도를 받을때 평안과승리의삶 산다네
E D A/C♯ E/B A D/F♯ E
생각과마음의 작은부분 까지도 성령의 인도받을때
E D A/C♯ D E E/G♯ A
하나님과 하나 되는삶 세상을 이기며 성령의 열매맺네
A Bm E/G♯ A E/G♯ A
성령의 열매 맺으며 이땅에서도 천국누리네
A Bm A/C♯ D E A
성령의 인도받아 주님의뜻- 이루며 살아가리라

A
여자

151 성령의 바람 날개 달고

작사 & 작곡 이순희
♩=78
A Bm E/G# F#m E E/G#
성령 의 바람 날개 달고 날 아오 르 리
의 인도 하심 따라 열 매맺 으 리
A Bm E/G# F#m E E/G# A
여호 와 를경 외함 으 로 독 수리 같 이 (성령)
여호 와 를의 지함 으 로 자 유케 되 리
E D/F# E D E
그 -어떤 장애물 이라도 뚫 고나 가 리
E D E D E
그 -어떤 장애물 이라도 두 렵지 않 네
E E/G# D/F# E E/G# A E/G#
높은산이가로막 혀 있어도 풍랑이일어나는 거친바다도
D/F# Bm E/G# D/F# D E
내앞길가로막는 어떤문제도 성령의바람날개 타고날으니
A A/C# D E A
나 는두렵지않 네 나 는놀라지않 네
A Bm E/G# F#m E E/G#
수많 은 문제 앞에 서 도 날 아오 르 니
A Bm E/G# F#m E E/G# A
피곤 치 않네 곤비 치않네 나 는자 유 해

수많은 사람들 중에

152

작사 & 작곡 이순희

♩= 78
수많 은 사람 들중 에 우릴택하 여 사명주시 고
주님 의 귀한 사역 을 감당케 하시려 불러주셨 네
한없 이 넓고 크신 하 나 님 은혜를 체험하 고
누렸 던 수많 은 시 간 들 기 뻐하며감사하 네
O -O 임직 받던날 눈물흘리며 결단했던 일
주 -의사랑 전하며 교회 와성도 섬기리라 다짐했던일
때 론기쁘게 때론책임감으로 버겁게 달려왔지 만
사 랑의주님 모든것아시기에 맡기고 달려나가 네
천국 가 는그 날까 지 생명다하 여 주신사 명
충실 하 게감 당하 여 주님의뜻 이루며 살아가리 라

A

여자

153 오직 성령이 너희에게 임하시면

성령

행 1:8
작사 & 작곡 이순희
♩= 90
오직성 령이 너희에게 임하시 면 너희가 권능을받고
예루살 렘과 온유대와 사마리 아 땅끝까 지
내 증인되리 라 말씀하신나 의 주
지 금 이시 간 내 게임하소 서
온 전히성령의인 도 받 으며살기원하 네
주 님의놀라운사 랑 나타내며살기원하 네
주님주 신성 령의권능 능력으 로 세 상 에
빛을발 하며 주의사랑 나타내 며 살아가 리

일을 행하시는 여호와 154

렘 33:2-3

작사 & 작곡 이순희

♩= 90
일을 행하 시는 여 호와 그것을 만들며 성취하시는 여
호와 그의 이 름을 여호와라 하는이 가
이 - 와같 이 이 르시 도 다
너는내게부르짖으 라 내가네게응답하겠 고
네가알지 못하 는 크고은밀 한일 을
네 게보이리 라 말 씀하 셨 네
나의 주내 하나 님 내가 부르짖 나이다 부르짖나이다
크고 은밀 한 일을 내게보여 주소 서

A
여자

155 참된 기쁨

작사 & 작곡 이순희

♩= 100
A D E D E D Bm E
참 된기쁨 주님주신기쁨 눈으로 보이지않 네
5
A D E D E D D/F♯ E/G♯ A
참 된기쁨 주님주신기쁨 누리며 살아가 세
9
A E/G♯ D/F♯ A D/F♯ E E/G♯
죄와 상처에 매여 있던 사람 이 자유를얻는기 쁨
13
A E/G♯ D/F♯ E A/C♯ D E A
마귀 노예에서 하나 님의자녀 로 변화되는기 - 쁨
17
A D/F♯ E D E
성령 안 에서 의와 평강 누 리는 기 쁨
22
A D/F♯ A D/F♯ E/G♯ A
이것 이 주님 주신 기쁨 참 된기쁨이라 네

크고 위대하신 하나님 156

작사 & 작곡 이순희

♩= 106
A A/C♯ D E D E A
크고 위대 하신 하 나님 - 늘 함께 하시 네
5 A A/C♯ D E D E/G♯ A
크고 위대 하신 하 나님 - 나 를도 우시 네
Fine.
9 E A/C♯ E D A/C♯ E
하나님 의사랑 과 능 력 지혜는 끝이없 네
13 E D A/C♯ D E
영원전 부터 영원까 지 시간을 초월하 여
17 E E/G♯ Bm D E A
스스 로존재하시 는 하 나 님 나 의 주
21 A Bm A/C♯ D E
최고의권능과 아름다운 권능 지혜를 지니신 분
25 A Bm A/C♯ E D E A
어떠한문제도 넉넉히이길힘과 능력을주 시 네
D.C

A
여자

157 푯대를 향해

빌 3:12–14

작사 & 작곡 이순희

♩= 76
A A/C♯ E D A/C♯ E A
Fine.
푯 대를향해 달려나가리 부르심의 상을향 해
5
A Bm A/C♯ D A/C♯ Bm A/C♯ D E
내가이미얻었다 함도아니요 온전히 이루었다 함도아니라
9
A Bm A/C♯ D A/C♯ Bm E/G♯ A
오직내가예수께 잡힌바된그것을 잡으려 달려가노 라
13
A Bm A/C♯ D E Bm A/C♯ D E
형제들아나는아직 내가잡은줄로 여기지 아니하 고
17
A Bm E/G♯ D/F♯ A Bm A/C♯ D
오직한일 즉 뒤에있는것은 잊 어버 리 고
21
E E/G♯ A Bm D E A
앞 에있는것 을 잡으려 달 려가 노 라
25
A E/G♯ A A/C♯ D E
푯 대를향 해 그리 스도예수안에서 하나님 이
29
E D E A/C♯ Bm D E A
D.C
위 에서부르 신 부름 의 상을위해달려 가 노 라

하나님의 사람 158

작사 & 작곡 이순희

♩= 106
A Bm A/C# E A/C# E
하 나님의사람 하나님을 믿을 때 능력의삶 살게되고
A Bm A/C# E E/G# A
십 자가의능력 믿을 때 영원 한 생명허락받았 네
E D E D A/C# D E
하 나님의나라 를 믿을때 천 국을준비하는 삶 살고
E D E D E A
하 나님의성취 를 믿을때 담대한삶살아가 네
A Bm A/C# E A/C# E
하 나님의섭리 믿는자는 어떤 일 에도 낙심 하지않고
A Bm A/C# E E/G# A
하 나님의언약 믿을 때 존귀 한 자로 세워지 네

159 감사함으로 그 문에

작사 & 작곡 이순희
♩= 80
감사 함으로 그 문에 천국 문 에 들어가 며
찬송 함으로 그 궁 정에 궁 - 정 에 들어가 서
그 에게 감사하 며 그의이름을 송축 할지어 다
범 사에감사하라 는 주 님의말씀따 라
어 떠한상황속에 도 감사하며살아가 세
형 -통할때 감 사 는 그 누구라 도 할수있지만
환 -난의때 감 사 는 성 숙한자만이 할수있다네
우리 모 - 두 고난의때 인생 의 위기속에서 도
흔들 리지않 는 믿음으로 감사 하 며 살아가 세

너희 죄가 주홍 같이 160

작사 & 작곡 이순희
♩= 100
너 희죄가 주홍같이 붉 을지라 도
너 희죄가 진홍같이 붉 을지라 도
흰눈같이 양털같이 희게되 리 라
성결한영혼 정결한영혼 얻게되 리 라
주보혈 주보혈 내죄사해주시 네
주보혈 주보혈 나를정케하시 네
주 님의 권능이 함께하 시 네
험 한세상 가운데 빛을발 하 네
우 리주의 권 - 능이 함 께하시 네
험 한세상 가 - 운데 빛 을발하 네

161 무엇을 먹을까

작사 & 작곡 이순희
♩=90
무 엇을먹을까 무 엇을마실까 무 엇을입을까 염려하지마라
먼저그의나라와 그의의를구하면 이 모든것을네게 더하시리라
공 중에 나는 새 를보라 심 지도 않 고
거 두지도않 고 창고에 모아들이지도않지 만
너 희 하나님께 서 기 르 시 나 니
너 희는이것들보 다 귀 하지아니하 냐
들 에핀 백합화를보라 아름다움을 위하 여
수 고도 아니하 고 길 쌈도아니하 느 니 라
공 중의 새도 먹 이시고 들 에핀 백합 도
입 히시는주 님 함께하시 니 염려하지않으 리

영적능력은 분별하는 162

작사 & 작곡 이순희

♩= 90
영 적능 력 은 분별하는 실력으로나타나 네
분 별하는성도 는 혈과육의 싸움을 하지않 - 네
사람과 - 환경을 탓하지않 네
사 람배 후 에 문 제 배 후 에
환 경배 후 에 역사하는 악한 영
분 별의 능 력 받기위해 말 씀의조명받 아
성 결한 - 영혼 을 소유하여 어둠의영물리치 네

B
여자

163 없앨 싸움 피할 싸움

영적전쟁

작사 & 작곡 이순희

♩= 80
없앨싸움 피할싸 움 싸우지말 고 싸울싸움 싸우 세
성령 의인도 받 기 위 해 우 리 는없앨 싸 움
피할 싸움 싸울 싸움 분 별 해 야 하 네
없 앨싸 움 은 자 기 욕 심 으 로 - 만 들 어 진 싸 움
피 할싸 움 은 세 상 유 혹 과 악 한 영 의 미 혹 으 로
만들어진싸움 우리가 싸울싸움 은 우리안의죄와 의싸움
통치자들권세들 어둠의 세상주관자하늘에있는악의영들 과의싸 움
우리모두정욕과 탐심을십자가에 못박아없앨싸움 없애 고
이세상의유혹과 악한 - 영의미혹 이기고피할싸움 피하 고

37
B♭ F/A B♭ E♭/G B♭ F
우리 안의죄 와 의 싸 움 공중 권세를 잡 은
41
B♭ B♭/D E♭ B♭/D E♭ F B♭
악한 영대적하여 싸울 싸움 싸워 승리 하 세

164 은혜의 강물

작사 & 작곡 이순희
♩=90
은 혜의강물 - 성 령의생수로 정결하게씻음받으 세
은 혜의 강물 로 성 령의 생수 로
넘 치는 샘물 로 나를치료하 시 네
맑은물을뿌려 나를정결케하네 모든더러운것에 서
맑은물을뿌려 모든우상숭배에서 나를정결케하시 네
성 -령의 맑은물로 내 죄씻어주시 네
성 -령의 뜨거운불 나 를정케하시 네

자아를 깨뜨리세

165

작사 & 작곡 이순희
♩= 72
자아 를깨뜨리 세 모 든죄몰아내 고
우리 의삶 속에 서 우 리의마음속에 서
죄를 없이 하려 면 성령으로채워야하 네
모 든죄와상처 몰아내고 - 자아 깨뜨리는 성령을구하 세
성 령의 강한능 력 뿌리깊은 죄의근성 변화시키 네
성 령의불이붙으 면 치 유와회복 부 흥과기적
변 화와성장 일어나 네 역 전의역사나타나 네
혼탁한내면이 깨끗한내면으로 교만한마음이 겸손한마음으로
우울한마음이 즐거운마음으로 역전 된 다 네

B
여자

166 잠시 있다 없어질

작사 & 작곡 이순희
♩= 80
잠 시있다없어 질 안 개같은인 생
잠 시피었다지 는 꽃 과같은인 생
어 리석은자 는 유한한 인생에 집착하 고
죄 가주는쾌락 에 인생을 낭비하며살아가 네
이 -제나 는 영원한 천국 바라 보 며
헛 -된자존 심 미움 욕심 교만 조급 함
십 자가에못박 고 천 국을준비하 여
성 결의능력으 로 천 국소유하 세

찬양 우리의 모든 것 167

작사 & 작곡 이순희

♩=90
찬 양 우 리의모든것 깨 우는능력의 찬 양
능력의 찬양 은 우리 의 영혼을 깨우 네
우리의 용기 와 기상 을 깨우는 찬 양
능 력의 찬양 은 모든 결박에서 자유케 하네 -
우 리의 잠재력 을 깨우는 영광의찬 양
찬 양이 넘치 는 곳 에 하나님의임재머무 네
찬 양이 넘치 는 곳 에 하나님의역사지속 되네 -
나의마 음다하 여 정성 다 해찬양 하리 라
나의주 하나님 만 높이 며 찬양하 리 라

168 하나님의 사랑은 상한

작사 & 작곡 이순희

♩= 80
Bb Eb/G Bb F/A Bb Eb/G Bb F/A Eb/G F
하나님의사랑은- 상한내영혼치유하고 하나님의은혜는- 약한내영혼강건케하네
5
Eb F Eb F Eb F Eb F Bb
Fine.
하나님의사랑은- 조건없는사랑 계산하지않는사랑 행복을가져다주는사랑
9
Eb F Bb/D Eb Eb/G F
그 하나님의 사랑이 내 눈을적 시 네
13
Eb F Bb/D Eb F Bb
그 하나님의 사랑이 나 를 세우시 네
17
Bb Bb/D F Eb F Eb Eb/G F F/A
나 이제 그사랑 에 감사하고 예배하며 찬양하 네
21
Bb Bb/D F Eb F Eb F F/A Bb
D.C
내 인생 주께 드 려 주님의뜻 이루며 열매맺으 리

할까 말까

169

작사 김지원
작곡 이순희

♩= 88
할까 말까 전도 할까 망설이는내 마 음
갈까 말까 예배 갈까 서성이는내 발 길
부끄 러운 마음가지고 다가가 속삭이 네
병든 내손 잡아주시는 예수님 크신사 랑
예 수믿으세 요 예 수믿으세 - 요
내 게다가와 서 사 랑한다하시 네
주 님일하시 네 나 와함께하시 네
드 릴까말까 소중한물질 내돈이라여 겼는 데
내 생명위해 십자가에서 피흘려 죽으신 주
나 의주 생각 나서 회개하며내어드리 네
청 지기 사명가지고 주님의뜻이 - 루 리

B
여자

170 거친 풍랑과 같이

작사 & 작곡 이순희
♩=76
거친 풍랑과같 이 출렁 이는우리인 생
내생 각내뜻대 로 되지 않는삶속에 서
내 마 음 의 아픔과 괴로움 커 져만 가 네
수 많 은 세 월 불안과 고통과 두려움에속았지 만
이 - 제는 주품안에서 참된평강누리기 원 해
안 - 식과 행복주 실 주님만을갈망합니 다
진리 와사랑의주 님 평강 과희락의주 님
내인 생맡기오 니 인도 하여 - 주 소 서

내 생각으로 육신의 생각으로 171

작사 & 작곡 이순희
♩= 80
내 생각 으 로 육신의 생각 으로 살아 가 면 서
참 된평 강 을 구했네 참된 만족 을- 구 했 네
그 러나 참평안을얻지못 해 나의영혼 곤고했 네
그 러던 어느날 만남의 축복을통 해
사랑의 주를만나 깨달음을얻 었 네 육신의생 각 사망이요-
영의생각생명과평 안 이 네 영의생각 생명과 평안이 네
육 신의 생 각 내려놓고 영의 생각 하게 하 시 네
예 수안 에 서 내영혼 참된 평강 을- 누 리 네

B
여자

172 내 영혼의 밀실까지

작사 & 작곡 이순희
♩= 80
내영혼의밀실까지 드러내어 만지시는사랑의주 하나님
하나님의- 손길에내영혼 내인 생 맡겨드리 네
내 면이 병들 면 병 든인생살 고
내 면이 우울하 면 우 울 한삶사 네
내면이건강하면 건강한삶살고 내면이행복하면 행복한삶사네
상 처입은모습 그 대 로 연 약 한모습그대 로
치 료의 하나님 께 나 와 내 면 치유받으 세
사 랑의나의주 치료하시네- 내 영 혼치료하시 네
깨 끗한영혼- 정결한영혼- 영 원 히행복하게사 네
Copyright © 2023. 11. 18. SOONHEE LEE. All rights reserved. Used by permission.

내 인생의 가장 귀한 분 173

작사 & 작곡 이순희
♩= 80
Gm A° D/F♯ Cm/E♭ D/F♯ Gm
내인생의 - 가장귀한분 예 수그리스 도
Gm A° D/F♯ D D/F♯ Gm Gm/B♭
내인생의 - 최고의기쁨 주 와 함께걷는 것
Fine.
D Cm D Cm D D/A
한걸음 한걸음 주와함께걷다보 면
D Cm D Cm D
성령의 열매가 내삶을가득채우 네
D Gm/B♭ A° D/F♯
한 걸음 한 걸음 주와함께걷다보 면
D Gm/B♭ Cm D D/F♯ Gm
고 난의 밤 에도 찬양하며살아가 네
D. C

174 무엇이든지 내게

빌 3:7–9

작사 & 작곡 이순희
♩= 80
Gm D/F♯ Cm/E♭ D Cm D D/F♯ Gm
무 엇 이 든 지 내 게 유 익 하던것 을
Gm D/F♯ Cm/E♭ D Cm D Gm Gm/B♭
내 가 그리스도 를 위하여 다 해로여길뿐이 라
Cm D Gm D/F♯ E♭ D D/F♯
모든것을 해로 여김은 내주예 수 그리스도를 위하여
Gm D/F♯ Cm/E♭ Gm/D D D/F♯
모 -든것을 잃어버리고 배설물로 여김 은
Gm D/F♯ Gm D/F♯ Gm
그 -리스도 를얻고 그 안에서 발견되려 함이니
Gm Cm/E♭ D D/F♯ E♭ D E♭ D
내가 가진 의 는 율법에 서 난것이 아니 요
Gm Cm/E♭ D D/F♯ E♭ D/F♯ Gm
오직 그리 스도 를 믿음으 로 말미암은것이 니
Gm D/F♯ Cm/E♭ Cm D D/F♯ Gm
곧 믿 음 으 로 하나님 께로부터난 -의 라
Gm D/F♯ Cm D D/F♯ Gm
오 직 믿음으로 난 의 라 모든것을배설물로 여 기 네

살아계신 하나님의 사랑은 175

작사 & 작곡 이순희
♩= 80
살아 계신 하나님의사랑은 우리를 변화시키 네
아무 리 험악하고거 - 친 성품을 가진자라 도
사랑을경험하면 부드러워지고 소심하고연약한 자라도
사 랑을경험하 면 용맹하고담대해지 네
오래참고온유한사 랑 시기질투하지않는 사 랑
교만하지않는사 랑 모든것 을 참으며 모 든것을 믿으며
모든것을 바라 며 모든것 을 견디느 니 라
살아 계신 하나님의사랑은 우리를 변화시키 네
지금 도 살아역사하시는 하나님을찬양하 네

B
여자

176 상처 받을 수밖에 없는

작사 & 작곡 이순희
♩= 80
상 처받 을 수 밖에없는- 환 경 에 서
나 를보 호 하 시는주를- 믿 고 기도하 네
예 -수안에 있 는 자 결코정죄함 없 네
생 -명의 성령의법 나를해방시키셨 네
공의로우신하나 님 께 인내하 며 기도하 네
깊은상처를씻어 내 어 주님의 뜻 이 루 네
상 처받 은 나 를위하여- 십 자가지 신
물 과피 를 쏟 으신주님- 나 의 주찬양 해

속사람이 병든 사람은 177

작사 & 작곡 이순희

♩= 80
Gm Cm/E♭ D A° D/F♯
속 사람 이 병든사람은 병든삶 살아가 네
Gm Cm/E♭ D Cm D D/F♯ Gm
사 랑하 며 살고싶어도 미워하며살아가 네
Gm D/F♯ Gm D/F♯
용 서하고싶어 도 미 워 하 며
Gm D/F♯ Gm D/F♯ Gm
연 합하고싶어 도 분 열일으키 네
Gm D/F♯ Gm D/F♯
열정으로살고싶지 만 소심하게갇혀사 네
Gm D/F♯ E♭ D/F♯ Gm
통제하지못하는생 각 감정들을바라보 며
Gm Cm/E♭ D A° D/F♯
좌 절하 고 넘어지지만 사랑의주치료하시 네
Gm Cm/E♭ D Cm D D/F♯ Gm
새 로운 삶 변화된 삶 인도하여주 - 시 네

B
여자

178 어느 날 나에게 닥친 고난과 아픔

보라! 행복한 주의 종들을 (한수산나)

작사 & 작곡 이순희

♩= 80

Gm Cm/E♭ D Cm D D/F♯

어 느날 나에게 닥 친 고난과아 픔

5 Gm Gm/B♭ A° D/F♯ Gm

하나 님을 의지 할수 밖 에 없는나 의삶

9 Gm Gm/B♭ Cm D

나 의아픔아시 는 주 님 모 든것 아시 는주 님

13 Gm Gm/B♭ D Gm/B♭ D D/F♯ Gm

폭 포수 처럼 흐르는 말씀 십 자가의보혈 로

17 D D/F♯ Gm D/F♯ Gm A° D/F♯

내마음치유하시 고 영육의 결박을 풀어주셨 네

21 D D/F♯ Gm D/F♯ Gm A° D/F♯ Gm

주님주신달란트 로 주를위 해 달려가 리

25 Gm Cm/E♭ D Cm D D/F♯

날 마다 주안에 서 깨 어지고무너 져

29 Gm Gm/B♭ A° D/F♯ Gm

하나 님의 동역 자되 어 열매맺기원 하 네

하나님의 사랑은

작사 & 작곡 이순희

♩= 80
하 나 님의 사랑은 상한내영혼치유하 고
하 나 님의 은혜는 약한내영혼강건케하 네
조 건없는사 랑 한 계없는사 랑
하 나님 의 크신사 랑 내 눈을 적시 네
세우시는 하나 님의은 혜 살리시는 하나 님의은 혜
놀라우신 하나 님의은 혜 내영혼이 찬양 하게하 네
나 이 제그 사랑에 감사해서예배하 리
내 인 생주 께드려 진심으로찬 양하 리

B
여자

180

해결할 수 없었던

보라! 행복한 주의 종들을 (김선주)

작사 & 작곡 이순희

♩= 80

Gm Gm/B♭ Cm Gm/B♭ D D/F♯

해 결할수없었 던 내 인생 앞에 - 펼쳐진 문 제 는

5 Gm Gm/B♭ Cm D D/F♯ Gm

내 힘으로어찌 할수 없었네 나는삶의의미를 잃 었 네

9 Gm Gm/B♭ Cm D D/F♯

감 당할수없 는 문제로인 해 나의 자아 내려놓 고

13 Gm D/F♯ Gm Adim D/F♯ Gm

고 통 중 에 서 몸부림치 며 하나 님께 매달렸 네

17 D E♭ Cm Gm/B♭ D

예 수여 예 수여 나 의기도 - 들어주소 서

21 D E♭ D/F♯ Gm D/F♯ Gm

예 수여 예 수여 절 규하며 - 기도했 네

25 Gm Gm/B♭ Cm Gm/B♭ D D/F♯

나 의주님나 - 를 만나주 - 시고 - 치료해 주 셨 네

29 Gm Gm/B♭ Cm D D/F♯ Gm

주 의품안에서 행복 누리며 진리안에자유한 삶 사 네

영혼을 살리는 찬양 5

펴낸일	2024년 2월 19일
펴낸이	이순희
펴낸곳	기독교생활영성연구원
편집	원미현, 허신영
디자인	김한지
주소	인천광역시 남동구 장아산로 205번길 16
전화	032) 469-0191~2
FAX	032) 469-0190
Homepage	http://www.baeksong.kr

발행처	선교횃불CCM2U
등록일	1999년 9월 21일 제 54호